L'art du bouquet en France

SOCIÉTÉ NATIONALE D'HORTICULTURE DE FRANCE
ART FLORAL

L'art
du bouquet
en
France

ARMAND COLIN

Conception et coordination
Concept and coordination
J A C Q U E L I N E   B O G R A N D

Photographe
Photographs by
J E R O M E   C H A T I N

Identification des végétaux
Plant identification
M O N I Q U E   L A R H E R

Traduction anglaise
English Translation
E .   W I L E S - P O R T I E R

Société Nationale d'Horticulture de France
Section Art Floral

© Armand Colin Editeur, Paris, 1993

ISBN : 2-200-21318-2
Dépôt légal : novembre 1993
Nº d'éditeur : 10423
Achevé d'imprimer en octobre 1993
par MAME IMPRIMEURS à Tours
nº 30739

Sommaire
Summary

Preface

The universal language of flowers

Art knows no frontiers. The messages that artists express, together with their feelings, moods and particular genius, are received with pleasure and admiration the whole world over. Yet, in its quest for beauty in all its forms, art does not always seem easily accessible to everyone. Explanations are sometimes necessary.

Flowers, however, are beautiful by nature. They need nobody to make themselves understood. Theirs is a simple expression of the marvels of the natural world and the beauty of both things and beings.

Flowers represent a language of the heart, of daily life and of the joy of hours and days, which is common to every individual. All peoples understand this language. Two ha'pence worth of violets will move a shopgirl, just as a single rose will console a poet. From one end of the Earth to the other, a bunch of flowers gleaned in the meadow or skilfully selected at the florist's will often procure more happiness than long, maybe awkward phrases or a costly and often useless gift. For flowers, through their elegance, their perfume and their smiling countenance, can reveal a confession, a thought or a tiny hidden corner of the heart.

Thus it is that when flowers, with their universal language, are united with floral art, which banishes frontiers, their message takes on a quite extraordinary power. Human talent and the wonders of the present moment become as one. Nature and the artists, in a felicitous, though sadly ephemeral alliance, delightedly engage in arousing new emotions and sensations in all who contemplate in dazzled awe that ever-changing, yet constant message: "Life is beautiful!"

In this fresh summary of L'Art du bouquet en France, amateur flower arrangers will find floral art presented in all its poetic forms by the most gifted specialists of that country.

If floral art has become an essential part of our civilization, it is because flowers are the poetry of the earth.

Michel Cointat
Former minister
President of the SNHF

6

Préface

Langage universel des fleurs

L'art ne connaît pas de frontières. Le monde entier reçoit avec plaisir et admire le message des artistes, leurs sentiments, leurs états d'âme, leur génie. Mais, dans cette recherche de la beauté sous toutes ses formes, l'art n'apparaît pas toujours facile à saisir par tous. Un commentaire est parfois nécessaire.

En revanche, les fleurs sont naturellement belles. Elles n'ont besoin de personne pour se faire comprendre. Elles expriment simplement les merveilles de la nature et la beauté des êtres et des choses.

Les fleurs représentent le langage universel du cœur, de la vie quotidienne, de la joie des jours et des heures. Toutes les populations connaissent ce langage. Il suffit de «deux sous de violettes» pour émouvoir la midinette. Il suffit d'une rose pour consoler le poète. D'un bout à l'autre de la terre, un bouquet glané dans les champs, ou savamment choisi chez le fleuriste, offre souvent plus de bonheur que de longues phrases parfois maladroites ou un riche cadeau souvent inutile, car les fleurs, par leur élégance, leur parfum et leur sourire, révèlent un aveu, une pensée, un petit coin caché du cœur.

Ainsi, quand les fleurs au langage commun à tous se marient avec l'art floral qui efface les frontières, le message devient extraordinaire. Le merveilleux du présent s'allie avec le talent humain. La nature et l'artiste, dans une complicité malheureusement éphémère mais ô combien heureuse, prennent plaisir à offrir des émotions, des sensations à ceux qui contemplent éblouis le message toujours différent mais unique : « C'est beau la vie ! »

Dans cette synthèse renouvelée de L'Art du bouquet en France, l'amateur trouvera toutes les formes poétiques de l'art floral présenté par les meilleurs spécialistes de notre pays.

L'art du bouquet est devenu un élément essentiel de notre civilisation : les fleurs sont la poésie de la terre.

Michel Cointat
Ancien ministre
Président de la SNHF

Introduction

Flowers, the messengers of life and beauty, either singly or combined, sober or exuberant, have always been intimately associated with both the everyday and the exceptional. Rich sources of inspiration, their shapes and their brilliant hues have won the hearts of artists from every discipline, each of whom has then sought to render a brief existence eternal through a lasting homage to their perfection and the symphony of their colours.

Floral art can be as simple as grouping a few flowers together to create an original harmony. Whether spontaneous or subtely composed, modest or sumptuous, a flower arrangement can evoke an entire culture, fashion or personality, through shapes and nuances carefully chosen to suit the circumstances. It can both liven up our humdrum existence and highlight certain events to give them a more official character. The art of flower arranging, or floral art, plays on the tonalities, textures and lines of a dazzling flora. It obeys the rules of drawing, painting, sculpture and architecture. Yet the fragility of the flowers lends this art a value and charm enhanced still further by the power of memory.

Practised since Antiquity, floral art has enjoyed a tremendous surge in popularity over the last few years. This enthusiasm stems from a need – the need for a natural compensation for the progressive dehumanization of our civilization. Wishing to share in this fresh enthusiasm, the Floral Art Section has followed up the publication in 1990 of its first work on French flower arranging with a second album featuring floral compositions created by the clubs and schools belonging to the French National Horticultural Society.

This new book contains photographs of nearly 160 flower arrangements reflecting both seasons and styles. Variations on certain themes, together with minor changes in plants and containers, are sometimes presented in order to illustrate the myriad facets of the creative process.

Quality, novelty, sobriety, gaiety and even humour are all sought in order to interest and amuse not only amateur and professional arrangers but also anyone who wishes to know more about floral art or is already a "convert". Every plant used is identified by its name in Latin, the botanist's universal language. Brief descriptions recount how each arrangement was composed.

This book is the fruit of a concerted effort and would never have seen the light of day had it not been for the enthusiasm and cooperation of those who share a love of flower arranging, under the aegis of the Floral Art Section of the French National Horticultural Society.

May these few flowers bring you many hours of pleasure.

Jacqueline Bogrand
President of the Floral Art Section

Introduction

Les fleurs messagères de vie et de beauté, seules ou mélangées, sages ou exubérantes, ont toujours été intimement associées au quotidien comme à l'exceptionnel.

Riches sources d'inspiration, leurs formes et leurs éclats ont séduit les artistes de toutes les disciplines, aspirant à pérenniser une brève existence par un hommage durable à leur perfection et à la symphonie de leurs couleurs.

Groupées pour créer une harmonie originale, quelques fleurs constituent déjà un bouquet. Spontané ou subtilement composé, simple ou somptueux, il évoque une culture, une mode, une personnalité par ses formes et ses nuances adaptées aux circonstances. Il sait animer la banalité quotidienne et souligner, pour les officialiser, certains événements.

L'art du bouquet, ou art floral, joue sur la tonalité, la texture, le graphisme d'une flore éblouissante. Il suit les règles du dessin, de la peinture, de la sculpture, de l'architecture. Mais la fragilité des fleurs lui confère une valeur et un charme que valorise encore le souvenir.

Pratiqué depuis l'Antiquité, l'art floral a connu ces dernières années un essor international. Cet engouement tient à un besoin, celui d'une compensation naturelle à la déshumanisation de notre civilisation.

La section Art floral a voulu participer largement à cet élan avec un deuxième ouvrage consacré, comme le premier paru en 1990, aux créations françaises réalisées par les clubs et écoles adhérentes à la Société nationale d'horticulture de France.

Ce livre regroupe près de cent soixante compositions florales, reflet des saisons et des styles. Des variations sur des sujets, des contenants, des végétaux similaires sont parfois présentées pour illustrer les multiples facettes de la créativité.

Qualité, nouveauté, sobriété, gaieté et même humour, autant d'objectifs destinés à intéresser et divertir amateurs, professionnels, curieux ou convaincus.

Les végétaux sont identifiés sous leur nom latin, langue universelle des botanistes. Une courte explication décrit le montage et l'exécution de chaque composition.

Ce livre est une œuvre commune rendue possible grâce à l'enthousiasme et à l'union de passionnés de bouquets, sous l'égide de la section Art floral de la Société nationale d'horticulture de France.

Puissent ces quelques fleurs vous être agréables.

Jacqueline Bogrand
Présidente de la section Art floral

1

COQ GAULOIS
THE FRENCH COCKEREL

Sylviane Marchand
Ecole des Fleurs. Etampes

- Triticum sativum
  Gramineae - Pooideae
- Xerophyllum tenax
  Liliaceae

- Glixia

2

SOUPER DU ROI LOUIS XIV
THE KING'S SUPPER

Liliane Labarrière
Art et bouquets. Avranches

- Rosa hyb.
  Rosaceae
- Eryngium alpinum
  Umbelliferae
- Lonicera japonica
  Caprifoliaceae
- Philadelphus hyb.
  Saxifragaceae
- Campanula glomerata
  Campanulaceae
- Senecio maritima
  Compositae
- Ruta graveolens
  Rutaceae
- Ballota pseudodictamnus
  Labiatae
- Alchemilla mollis
  Rosaceae
- Plantago major 'Rubrifolia'
  Plantaginaceae
- Begonia sp.
  Begoniaceae
- Prunus persica
  Rosaceae
- Fragaria hyb.
  Rosaceae
- Ficus carica
  Moraceae
- Punica granatum
  Punicaceae

3

LE TEMPS DES CERISES
CHERRY TIME

Sylvie Expert-Bezançon
Atelier floral SEB

- Triticum sativum
  Gramineae - Pooideae
- Rosa hyb.
  Rosaceae
- Achillea umbellata
  Compositae
- Prunus cerasus
  Rosaceae
- Hosta fortunei 'Aureo marginata'
  Liliaceae

2

3

4

CHLOROPHYLLE
CHLOROPHYLL

Mylène Le Berrigaud
Art floral. Fougères

- Hosta plantaginea
  Liliaceae
- Molucella laevis
  Labiatae
- Nigella damascena
  Ranunculaceae
- Dianthus barbatus
  Caryophyllaceae
- Farfugium japonicum
  Compositae

5

LE TEMPS DES CHATAIGNES
CHESTNUT TIME

Claude Rousseau
Les Amis des Fleurs.
Saint-Cloud

- Castanea sativa
  Fagaceae
- Dahlia hyb.
  Compositae
- Hedera helix
  Araliaceae
- Mahonia aquifolium
  Berberidaceae
- Catalpa bignonioides
  Bignoniaceae
- Parthenocissus tricuspidata
  Vitaceae
- Chrysanthemum hyb.
  Compositae

6

SONATE D'AUTOMNE
AUTUMN SONATA

Claudie Diana
Ecole des Fleurs. Etampes

- Parthenocissus tricuspidata
  Vitaceae
- Citrullus colocynthis
  Cucurbitaceae
- Castanea sativa
  Fagaceae
- Hedera helix
  Araliaceae
- Pyracantha coccinea
  Rosaceae
- Cucurbita pepo
  Cucurbitaceae

7

RAFRAICHISSEMENT
REFRESHMENT

Annie Lerebour
Ecole des fleurs. Etampes

- Farfugium japonicum
  Compositae
- Alchemilla mollis
  Rosaceae
- Pelargonium hyb.
  Geraniaceae
- Citrullus ranatus
  Cucurbitaceae

8

RAFRAICHISSEMENT
REFRESHMENT (VARIATION)

Annie Lerebour
Ecole des fleurs. Etampes

- Farfugium japonicum
  Compositae
- Alchemilla mollis
  Rosaceae
- Pelargonium hyb.
  Geraniaceae
- Scabiosa caucasica
  Dipsacaceae

9

11

JARDINS A LA FRANÇAISE
FRENCH FORMAL GARDENS

Olga Méneur

- Cladonia alpestris
  Cladoniaceae
- Ornithogalum thyrsoides
  Liliaceae
- Limonium sinuatum
  Plumbaginaceae
- Ruscus hypoglossum
  Liliaceae
- Chrysanthemum hyb.
  Compositae
- Capsicum annuum
  Solanaceae

12

JARDINS A LA FRANÇAISE
FRENCH FORMAL GARDENS

Olga Méneur

- Dianthus caryophyllus
  Caryophyllaceae
- Cladonia alpestris
  Cladoniaceae

13

JARDINS A LA FRANÇAISE
FRENCH FORMAL GARDENS

Olga Méneur

- Cladonia alpestris
  Cladoniaceae
- Chrysanthemum hyb.
  Compositae
- Cordyline terminalis
  Agavaceae

12

13

14

COUP DE VENT
GUST OF WIND

Jeanne Mévil-Blanche
Ecole d'Art floral. Versailles

- Rosa hyb.
  Rosaceae
- Hosta plantaginea
  Liliaceae
- Hosta crispula
  Liliaceae
- Nigella damascena
  Ranunculaceae
- Iris germanica
  Iridaceae

15

MEANDRES
MEANDERS

Jacqueline Bogrand

- Zantedeschia hyb.
  Araceae

14

16

DISTINCTION
DISTINCTION

Chantal Sallou

- Iris germanica
  Iradaceae
- Paeonia lactiflora
  Ranunculaceae
- Mahonia aquifolia
  Berberidaceae
- Lonicera caprifolium
  Caprifoliaceae
- Syringa vulgaris
  Oleaaceae
- Pinus nigra
  Pinaceae

17

OPULENCE
OPULENCE

Ghislaine Bignon
Ecole d'Art floral. Versailles

- Rhododendron hyb.
  Ericaceae
- Iris germanica
  Iridaceae
- Helleborus argutifolius
  syn. H. corsicus
  Ranunculaceae
- Asparagus myriocladus
  Liliaceae
- Hosta sieboldiana
  Liliaceae
- Dianthus barbatus
  Caryophyllaceae
- Tolmiea menziesii
  Saxifragaceae

18

DIABOLIQUE
DIABOLICAL

Sylvie Cazaubiel

- Nelumbo nucifera
  Nelumbonaceae
- Rhododendron hyb.
  Ericaceae
- Celosia cristata
  Amaranthaceae
- Farfugium japonicum
  Compositae

16

17

19

20

21

22

23

24

25

TOREADOR
TOREADOR

Monique Gautier
Ecole française de décoration
florale

- Cordyline terminalis
  Agavaceae
- Rosa hyb.
  Rosaceae
- Hydrangea macrophylla
  Hydrangeaceae

27

VERONESE
VERONESE

Monique Gautier
Ecole française de décoration
florale

- Rosa hyb.
  Rosaceae
- Zantedeschia hyb.
  Araceae
- Gerbera hyb.
  Compositae
- Tulipa hyb.
  Liliaceae
- Cordyline terminalis
  Agavaceae
- Hydrangea macrophylla
  Hydrangeaceae
- Dianthus caryophyllus
  Caryophyllaceae
- Glixia

26

GLISSADE
SLIDING

Anne Boullet
Ecole d'Art floral. Versailles

- **Phormium tenax**
  Agavaceae
- **Lathyrus odoratus**
  Leguminosae
- **Galax aphylla**
  Diapensiaceae
- **Primula obconica**
  Primulaceae
- **Euphorbia robbiae**
  Euphorbiaceae

29

JARDIN D'AUTREFOIS
OLD-FASHIONED GARDEN

Macky Veyrines
Ecole d'Art floral. Versailles

- **Ranunculus asiaticus**
  Ranunculaceae
- **Muscari hyb.**
  Liliaceae
- **Primula veris syn. P. officinalis**
  Primulaceae
- **Viola x wittrockiana**
  Violaceae
- **Bellis perennis**
  Compositae
- **Chrysanthemum hyb.**
  Compositae

30

INFLORESCENCE
INFLORESCENCE

Jeanne Mévil-Blanche
Ecole d'Art floral. Versailles

- **Delphinum hyb.**
  Ranunculaceae
- **Lathyrus odoratus**
  Leguminosae
- **Scabiosa caucasica**
  Dipsacaceae
- **Trachelium caeruleum**
  Campanulaceae
- **Helleborus argutifolius**
  syn. H. Corsicus
  Ranunculaceae
- **Rosa hyb.**
  Rosaceae
- **Nigella damascena**
  Ranunculaceae
- **Asparagus densiflorus 'Meyeri'**
  Liliaceae

28

29

31

CARNAVAL
CARNIVAL

Jeanne Rehbinder
Ecole d'Art floral. Versailles

- Calceolaria hyb.
  Scrophulariaceae
- Pericallis cruenta
  Compositae
- Aspidistra elatior
  Liliaceae
- Typha latifolia
  Typhaceae
- Chrysanthemum hyb.
  Compositae

32

SINUOSITE
SINUOSITY

Marie-José Perron

- Asclepias physocarpa
  Asclepiadaceae
- Dahlia hyb.
  Compositae
- Typha latifolia
  Typhaceae
- Solanum capsicastrum
  Solanaceae
- Cordyline australis
  Agavaceae

33

QUADRILATERE
QUADRILATERAL

Olga Méneur

- Maclura pomifera
  Moraceae
- Yucca gloriosa
  Liliaceae
- Ornithogalum thyrsoides
  Liliaceae
- Chrysanthemum hyb.
  Compositae
- Bergenia cordifolia
  Saxifragaceae

34

RODEO
RODEO

Liliane Labarrière
Art et Bouquets. Avranches

- Iris xiphium
  Iridaceae
- Alocasia macrorrhiza
  Araceae

35

ECLATS
FLASHES

Liliane Labarrière
Art et Bouquets. Avranches

- Typha latifolia
  Typhaceae
- Iris xiphium
  Iridaceae

33

34

35

EMBLEME
EMBLEM

Midori Suzuki
Association franco-japonaise
d'Art floral

- Zantedeschia aethiopica
  Araceae
- Xerophyllum tenax
  Liliaceae
- Galax aphylla
  Diapensiaceae
- Viburnum opulus 'Sterile'
  Caprifoliaceae
- Echinacea purpurea
  Compositae

FRIMAS
WINTRY WEATHER

Tobias Karolicki
Ecole française de décoration
florale

- *Zantedeschia aethiopica*
  Araceae
- *Aspidistra elatior*
  Liliaceae

37

39

40

41

42

ESCARGOT DE BOURGOGNE
BURGUNDY SNAIL

Nhung Nguyen Duy
Les Amis des fleurs.
Saint-Cloud

- Ranunculus asiaticus
  Ranunculaceae
- Allium neapolitum
  Liliaceae
- Petroselinum sativum
  Umbelliferae
- Allium ampeloprasum 'Porrum'
  Liliaceae

43

JARDINIERE DE LEGUMES
(VARIATION)
KITCHEN GARDEN

Colette Seguin
Atelier d'Art floral. Malmaison

- Allium ampeloprasum 'Porrum'
  Liliaceae
- Brassica oleracea 'Botrytis'
  Cruciferae
- Brassica oleracea 'Italica'
  Cruciferae
- Narcissus hyb.
  Ranunculaceae
- Galax aphylla
  Diapensiaceae

44

JARDINIERE DE LEGUMES
KITCHEN GARDEN

Colette Seguin
Atelier d'Art floral.
Malmaison

- Allium ampeloprasum 'Porrum'
  Liliaceae
- Cichorium endivia
  Compositae
- Narcissus hyb.
  Ranonculaceae
- Brassica oleracea 'Italica'
  Cruciferae

42

43

44

45

SOIR DE LUNE
MOONLIT EVENING

Christiane Larroumets

- Salix matsudana 'Tortuosa'
  Salicaceae
- Polygonatum multiflorum
  Liliaceae
- x Solidaster luteus
  syn. x Solidaster hyb.
  Compositae
- Asparagus plumosus
  Liliaceae

46

SPATIAL
SPACE

Irène Rolland
Art Fleurs et Feuillages. Lyon

- Anthurium andreanum
  Araceae
- Phormium tenax
  Agavaceae
- Asparagus plumosus
  Liliaceae

47

FEU DE CAMP
CAMP FIRE

Renée Jehanno
Art floral occidental et oriental.
Rennes

- Strelitzia reginae
  Strelitziaceae
- Asparagus myriocladus
  Liliaceae
- Campsis grandiflora
  Bignoniaceae

45

46

48

DELICES D'AUTOMNE
AUTUMN DELIGHTS

Marie-Alice Sinatti
Atelier d'Art floral
d'Ile-de-France

- Polygonum affine
  Polygonaceae
- Amaranthus hyb.
  Amaranthaceae
- Trachelium caeruleum
  Campanulaceae
- Rosa hyb.
  Rosaceae
- Hypericum elatum
  Guttiferae
- Dahlia hyb.
  Compositae
- Hydrangea macrophylla
  Hydrangeaceae
- Sedum spectabile
  Crassulaceae
- Alstroemeria hyb.
  Amaryllidaceae
- Viburnum opulus
  Caprifoliaceae
- Malus hyb.
  Rosaceae

49

BOLERO
BOLERO

Bénédicte Noyelle
Société d'horticulture de Mâcon

- Rosa hyb.
  Rosaceae
- Tulipa hyb.
  Liliaceae
- Cordyline terminalis
  Agavaceae

48

49

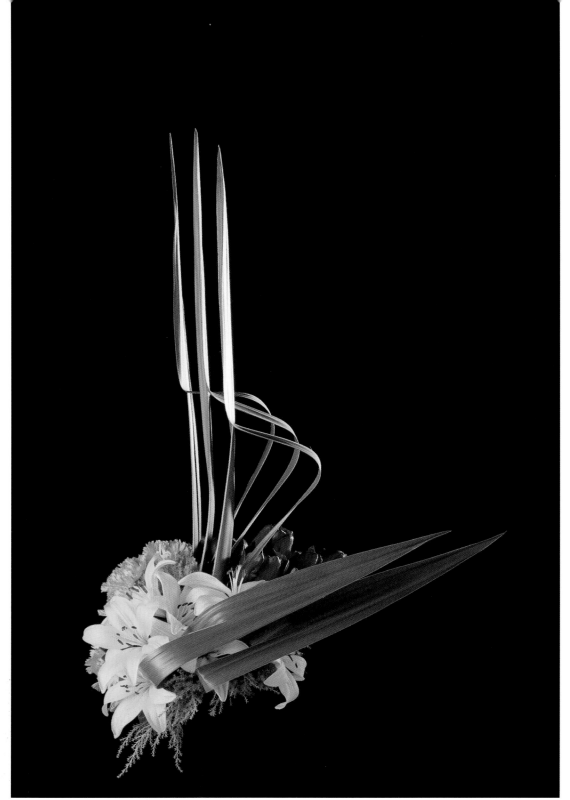

50

PARAPHE
PARAPH

Mireille Hatinguais
Art floral. Rennes

- Yucca gloriosa
  Agavaceae
- Lilium hyb.
  Liliaceae
- Tulipa hyb.
  Liliaceae
- Dianthus caryophyllus
  Caryophyllaceae
- Cupressus macrocarpa 'Goldcrest'
  Cupressaceae

51

MOUVEMENT
MOVEMENT

Jacqueline Bogrand

- Tulipa hyb.
  Liliaceae

52

53

54

56

TRIO
TRIO

Jacqueline Bogrand

- Aspidistra elatior
  Liliaceae
- Cordyline terminalis
  Agavaceae

57

RESSORT
SPRING

Catherine de La Source
Ecole d'Art floral. Versailles

- Bambusa
  Gramineae
- Sedum spectabile
  Crassulaceae
- Salix matsudana
  Salicaceae
- Calamus rotang
  Palmae
- Ficus lyrata
  Moraceae
- Dianthus caryophyllus
  Caryophyllaceae

58

RESSORT
SPRING (VARIATION)

Catherine de La Source

- Bambusa
  Gramineae
- Calamus rotang
  Palmae
- Asparagus plumosus
  Liliaceae
- Phormium tenax
  Agavaceae
- Citrus limon
  Rutaceae

57

58

59

61

CHAPEAUX
HATS

Claude Rousseau
Les Amis des fleurs.
Saint-Cloud

- Lunaria annua
  Cruciferae
- Hosta undulata 'Univittata'
  Liliaceae
- Nigella damascena
  Ranunculaceae

62

CHAPEAUX
HATS

Claude Rousseau
Les Amis des fleurs.
Saint-Cloud

- Cordyline terminalis
  Agavaceae
- Paeonia lactiflora
  Ranunculaceae
- Limonium sinuatum
  Plumbaginaceae

62

63

CHAPEAUX
HATS

Annik Béal

- Symphoricarpos albus
  Caprifoliaceae
- Solanum capsicastrum
  Solanaceae
- Iris germanica
  Iridaceae
- Asclepias physocarpa
  Asclepiadaceae
- Quercus coccinea
  Fagaceae

63

64

CHAPEAUX
HATS

Claude Rousseau
Les Amis des fleurs.
Saint-Cloud

- Prunus laurocerasus
  Rosaceae
- Aspidistra elatior
  Liliaceae
- Jovibarba hirta
  syn. Sempervivum hirtum
  Crassulaceae
- Typha latifolia
  Typhaceae
- Galax aphylla
  Diapensiaceae

65

MOISSON D'AUTOMNE
AUTUMN SUN

Sylvie Expert-Bezançon
Atelier floral SEB

- Thuja orientalis
  Cupressaceae
- Chrysanthemum hyb.
  Compositae
- Rosa canina
  Rosaceae
- Salix alba
  Salicaceae

66

PAYS DE BRETAGNE
BRETON LANDSCAPE

Marie-Alice Sinatti
Les Amis du club floral
d'Ile-de-France

- Pericallis cruenta
  Compositae
- Hydrangea macrophylla
  Hydrangeaceae
- Salix triandra
  Salicaceae
- Nephrolepis biserrata 'Furcans'
  Davalliaceae - Oleandroideae

67

VIOLINE
VIOLIN

Maguy Kerspern
Club d'Art floral. Versailles

- Zantedeschia hyb.
  Araceae
- Anemone coronaria
  Ranunculaceae

65

66

68

LA RONDE DES ANGES
CIRCLE OF ANGELS

Jacqueline Bogra014nd

• Aspidistra elatior
Liliaceae

69

SCULPTURE AQUATIQUE
AQUATIC SCULPTURE

Béatrice Bonneau
Ecole française
de décoration florale

- Anthurium andreanum
  Araceae
- Freesia hyb.
  Iridaceae

70

ISPAHAN
ISFAHAN

Liliane Labarrière
Art et bouquets. Avranches

- Cornus alba
  Cornaceae
- Cotinus coggygria
  Anacardiaceae
- Mahonia bealei
  Berberidaceae
- Astrantia major
  Umbelliferae
- Rosa hyb.
  Rosaceae

71

RIBAMBELLE
FLOWER CHAIN

Béatrice Bonneau
Ecole française
de décoration florale

- Raphia ruffia
  Palmae
- Helleborus orientalis
  Ranunculaceae
- Asparagus myriocladus
  Liliaceae
- Brassica oleracea
  Cruciferae
- Musa balbisiana
  Musaceae
- Cynara scolymus
  Compositae
- Citrus limon
  Rutaceae

70

71

72

TOURBILLON
WHIRLWIND

Nicole Duquesne
Ecole d'Art floral. Versailles

- Aspidistra elatior
  Liliaceae
- Kingia australis
  Xanthorrhoeaceae
- Zantedeschia aethiopica
  Araceae
- Cladonia alpestris
  Cladoniaceae

73

FLEUR DE NIL
FLOWER OF THE NILE

Marie-Alice Sinatti
Les Amis du club floral
d'Ile-de-France

- Anthurium andreanum
  Araceae
- Hydrangea macrophylla
  Hydrangeaceae
- Pericallis cruenta
  Compositae
- Tulipa hyb.
  Liliaceae
- Muscari hyb.
  Liliaceae
- Euphorbia robbiae
  Euphorbiaceae
- Allium albopilosum
  Liliaceae

74

75

ART DECO/ART NOUVEAU
ART DECO/ART NOUVEAU

Jeanne Rehbinder
Ecole d'Art floral. Versailles

- Salix sachalinensis 'Sekka'
  syn. S. udensis
  Salicaceae
- Papaver orientale
  Papaveraceae
- Papaver nudicaule
  Papaveraceae
- Cupressus macrocarpa
  Cupressaceae
- Aspidistra elatior
  Liliaceae

78

ANNEES 30
THE THIRTIES

Colette Samson-Baumann

- Rosa hyb.
  Rosaceae
- Dianthus barbatus
  Caryophyllaceae
- Typha latifolia
  Thyphaceae
- Hosta crispula
  Liliaceae

78

81

82

TRADITION (LOUIS XVI)
LOUIS XVI TRADITION

Isabelle Delorme
Ecole d'Art floral. Versailles

- Aconitum napellus
  Ranunculaceae
- Eremurus bungei
  Liliaceae
- Papaver orientale
  Papaveraceae
- Limonium sinuatum
  Plumbaginaceae
- Rosa hyb.
  Rosaceae
- Paeonia lactiflora
  Ranunculaceae
- Lathyrus odoratus
  Leguminosae
- Hydrangea serrata
  Hydrangeaceae
- Euphorbia amygdaloides
  Euphorbiaceae

83

CHARTREUSE DE PARME
THE CHARTERHOUSE
OF PARMA

Chantal Merieux
Art Fleurs et Feuillages. Lyon

- Rosa hyb.
  Rosaceae
- Viburnum opulus
  Caprifoliaceae
- Typha latifolia
  Typhaceae
- Viola odorata
  Violaceae
- Hebe
  Scrophulariaceae

82

83

84

BIJOUX
JEWELLERY

Nicole Guillaume
Art et bouquets. Avranches

- Lunaria annua
  Cruciferae
- Hedera helix
  Araliaceae
- Phoenix canariensis
  Palmae
- Helichrysum orientale
  Compositae

85

BIJOUX
JEWELLERY

Michelle Kissel
Ecole française de décoration
florale

- Rosa hyb.
  Rosaceae
- Triticum sativum
  Gramineae - Pooideae
- Amaranthus hyb.
  Amaranthaceae

86

BIJOUX
JEWELLERY

Jeanne Rehbinder
Ecole d'Art floral. Versailles

- Vitis vinifera
  Vitaceae
- Viola x wittrockiana
  Violaceae
- Hedera helix
  Araliaceae

84

85

86

87

TIARE
TIARA

Jeanne Rehbinder
Ecole d'Art floral. Versailles

- Cladonia alpestris
  Cladoniaceae
- Vitis vinifera
  Vitaceae
- Cinnamomum zeylanicum
  Lauraceae
- Illicium verum
  Illiciaceae

88

BIJOUX
JEWELLERY

Jeanne Rehbinder
Ecole d'Art floral. Versailles

- Cinnamomum zeylanicum
  Lauraceae
- Illicum verum
  Illiciaceae
- Syzygium aromaticum
  Myrtaceae
- Scabiosa atropurpurea
  Dipsacaceae
- Papaver rhoeas
  Papaveraceae
- Papaver orientale
  Papaveraceae
- Saponaria officinalis
  Caryophyllaceae
- Alnus glutinosa
  Betulaceae
- Thuja occidentalis
  Cupressaceae

88

89

ARLEQUIN
HARLEQUIN

Marie-Odile Courtot
Danièle Espinasse
Les Amis des Fleurs.
Saint-Cloud

- Liatris spicata
  Compositae
- Antirrhinum majus
  Scrophulariaceae
- Celosia plumosus
  Amaranthaceae
- Dianthus caryophyllus
  Caryophyllaceae
- Aconitum napellus
  Ranunculaceae
- Pandanus baptistii
  Pandanaceae

90

LES DEUX COMMERES
THE TWO GOSSIPS

Marie-Odile Courtot
Danièle Espinasse
Atelier floral. Ville-d'Avray

- Dianthus caryophyllus
  Caryophyllaceae
- Galax aphylla
  Diapensiaceae

89

91

LUNE
MOON

Annick Lapeyre
Atelier d'Art floral. Malmaison

- Anemone coronaria
  Ranunculaceae
- Ranunculus asiaticus
  Ranunculaceae
- Pericallis cruenta
  Compositae
- Anthurium andreanum
  Araceae
- Pinus sylvestris
  Pinaceae
- Eucalyptus gunnii
  Myrtaceae

92

LUNE
MOON (VARIATION)

Colette Séguin
Atelier d'Art floral. Malmaison

- Dianthus caryophyllus
  Caryophyllaceae
- Phormium tenax
  Agavaceae
- Calathea ornata
  Marantaceae

93

CUEILLAISONS
FLOWER HARVEST

Bruno Lamberti

- Tulipa hyb.
  Liliaceae
- Salix caprea
  Salicaceae
- Howea forsteriana
  Palmae
- Typha angustifolia
  Thyphaceae
- Limonium sinuatum
  Plumbaginaceae

93

94

95

97

LUMIERES
LIGHT

Claude Rousseau
Les Amis des Fleurs.
Saint-Cloud

- Aspidistra elatior
  Liliaceae
- Asparagus plumosus
  Liliaceae
- Tulipa hyb.
  Liliaceae

98

LUMIERES
LIGHT

Jeanne Rehbinder
Ecole d'Art floral. Versailles

- Hedera helix
  Araliaceae
- Cupressus macrocarpa
  Cupressaceae
- Parthenocissus tricuspidata
  Vitaceae
- Malus pumila
  Rosaceae
- Cotinus coggygria
  Anacardiaceae
- Celosia cristata
  Amaranthaceae
- Ananas comosus
  Bromeliaceae
- Vitis vinifera
  Vitaceae

97

98

99

99

LUMIERE
LIGHT

Bruno Lamberti

- Picea abies syn. Picea excelsa
  Pinaceae
- Asclepias syriaca syn. Asclepias
  cornutii
  Asclepiadaceae
- Echeveria glauca syn. Echeveria
  secunda
  Crassulaceae
- Baccharis halimifolia
  Compositae
- Solanum capsicastrum
  Solanaceae
- Rudbeckia hyb.
  Compositae

100

LUMIERE
LIGHT

Colette Bel

- Prunus spinosa
  Rosaceae
- Aeonium arboreum
  Crassulaceae

101

LUMIERE
LIGHT

Colette Bel

- Cucurbita maxima
  Cucurbitaceae
- Helianthus annuus
  Compositae
- Rosa 'Amber Queen'
  Rosaceae
- Citrus sinensis
  Rutaceae

100

101

102
_____

CYGNE AU NID
NESTING SWAN
_____

Eliane Boulongne
La Voix des fleurs

- Salix matsudana 'Tortuosa'
  Salicaceae
- Salix alba
  Salicaceae
- Hemerocallis hyb.
  Liliaceae
- Anthurium andreanum
  Araceae

103
_____

BRUME D'AUTOMNE
AUTUMN MIST
_____

Ginette Freychet
Ecole d'Art floral. Versailles

- Salix matsudana 'Tortuosa'
  Salicaceae
- Asparagus densiflorus 'Sprengeri'
  Liliaceae
- Rosa hyb.
  Rosaceae
- Vitis vinifera
  Vitaceae

104

RECTO-VERSO
RECTO-VERSO

Maryvonne Degoursi

- Magnolia grandiflora
  Magnoliaceae

105

VERDISSIMO
VERDISSIMO

Marie-Odile Courtot
Danièle Espinasse
Atelier floral. Ville-d'Avray

- Washingtonia robusta
  Palmae
- Aspidistra elatior
  Liliaceae
- Chrysanthemum hyb.
  Compositae
- Capsicum annuum
  Solanaceae
- Asparagus densiflorus 'Sprengeri'
  Liliaceae
- Pandanus laevis
  Pandanaceae

106

L'AIGUILLE VERTE
GREEN NEEDLE

Marie-Odile Courtot
Atelier floral. Ville-d'Avray

- Yucca gloriosa
  Agavaceae
- Dahlia hyb.
  Compositae
- Senecio maritima 'Diamant'
  Compositae
- Brunia laevis
  Bruniaceae
- x Graptoveria
  Crassulaceae

104

105

107

PROPULSION
PROPULSION

Jacqueline Nataf
Ecole française de décoration
florale

- Phormium tenax
  Agavaceae
- Gerbera hyb.
  Compositae
- Hedera helix
  Araliaceae

108

DIAMANT NOIR
BLACK DIAMOND

Monique Gautier
Ecole française de décoration
florale

- Cyperus papyrus
  Cyperaceae
- Hydrangea macrophylla
  Hydrangeaceae
- Zantedeschia hyb.
  Araceae
- Aspidistra elatior
  Liliaceae

109

BALLE D'IVOIRE
IVORY BALL

Monique Gautier
Ecole française de décoration
florale

- Anemone japonica
  Ranunculaceae
- Rosa hyb.
  Rosaceae
- Tulipa hyb.
  Liliaceae
- Zantedeschia aethiopica
  Araceae

107

108

109

110

111

112

113

COSMOS
COSMOS

Liliane Labarrière
Marie-Thérèse Petipas
Art et bouquets. Avranches

- Coccoloba uvifera
  Polygonaceae
- Iris germanica
  Iridaceae
- Nelumbo nucifera
  Nelumbonaceae
- Brunia laevis
  Bruniaceae
- Stipa sp.
  Gramineae - Pooideae
- Senecio maritima 'Diamant'
  Compositae

114

NOCES DE CRISTAL
CRYSTAL WEDDING

Colette de Glasyer
Les Amis des fleurs.
Saint-Cloud

- Zantedeschia aethiopica
  Araceae
- Hydrangea macrophylla
  Hydrangeaceae
- Lathyrus odoratus
  Leguminosae
- Papaver somniferum
  Papaveraceae

115

116

94

117

118

119

96

120

121

CLAIR-OBSCUR
CHIAROSCURO

Marie-Thérèse Henry
Société d'horticulture
de Saint-Nazaire

- Cytisus scoparius
  Leguminosae - Papilionoideae
- Gladiolus hyb.
  Iridaceae
- Dahlia hyb.
  Compositae
- Chrysanthemum hyb.
  Compositae
- Arum italicum
  Araceae

122

AUTOMNALE
AUTUMNAL SCENE

Soazic Le Franc
"Asphodèle". Nantes

- Phormium tenax
  Agavaceae
- Chrysanthemum hyb.
  Compositae

123

ILE NOIRE
BLACK ISLAND

Régine Hégron-Février
Art floral. Nantes

- Fatsia japonica
  Araliaceae
- Anthurium hyb.
  Araceae

122

123

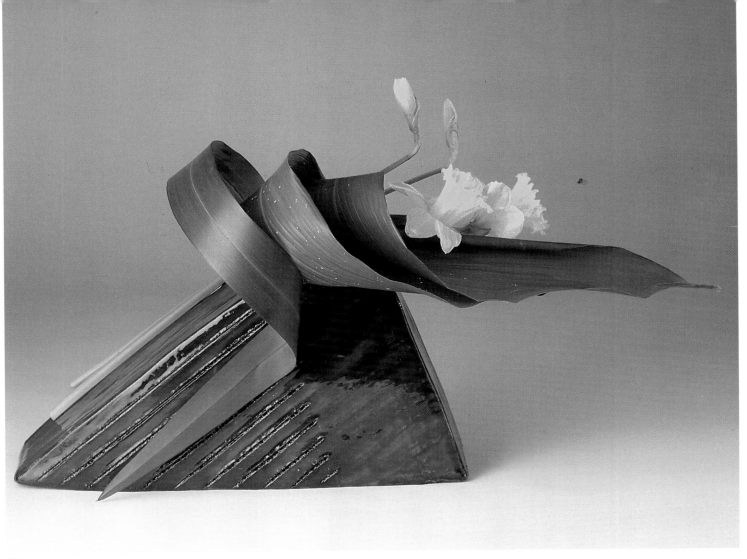

124

124

PENCHANT
PENCHANT

Nicole Duquesne
Ecole d'Art floral. Versailles

- Aspidistra elatior
  Liliaceae
- Phormium tenax
  Agavaceae
- Narcissus pseudonarcissus
  Amaryllidaceae

125

PICHET COSSU
OPULENT PITCHERFUL

Monique Gautier
Ecole française de décoration
florale

- Hedera helix
  Araliaceae
- Xerophyllum tenax
  Liliaceae
- Chamaerops humilis
  Palmae
- Acacia retinodes
  Leguminosae
- Viola odorata
  Violaceae

SOLEIL DE PONGA
PONGA SUNSHINE

Nhung NGuyen Duy
Les Amis des fleurs.
Saint-Cloud

- Tulipa hyb.
  Liliaceae
- Aspidistra elatior
  Liliaceae
- Kingia australis
  Xanthorrhoeaceae

127

MEDUSE
JELLYFISH

Nhung NGuyen Duy
Les Amis des fleurs.
Saint-Cloud

- Trachelium caeruleum
  Campanulaceae
- Daucus carota
  Umbelliferae
- Liatris spicata
  Compositae
- Strelitzia reginae
  Strelitziaceae
- Salix matsudana 'Tortuosa'
  Salicaceae
- Salix viminalis
  Salicaceae

126

128

129

131

131

DERNIERS SOLEILS
FADING SUNLIGHT

Monique Larher
Les Amis du club floral
d'Ile-de-France

- Helianthus annuus
  Compositae
- Capsicum annuum
  Solanaceae
- Citrullus colocynthis
  Cucurbitaceae
- Zea mays
  Gramineae - Panicoideae
- Tagetes erecta
  Compositae
- Aspidistra elatior
  Liliaceae
- Betula pendula
  Betulaceae
- Ribes sangineum
  Grossulariaceae
- Magnolia grandiflora
  Magnoliaceae

132

BERCEMENT
ROCKING

Anne Boullet
Ecole d'Art floral. Versailles

- Zantedeschia aethiopica
  Araceae
- Alocasia macrorrhiza
  Araceae

133

BILBOQUET
CUP-AND-BALL GAME

Claude Orchamp

- Helleborus niger
  Ranunculaceae
- Euphorbia robbiae
  Euphorbiaceae
- Typha latifolia
  Thyphaceae
- Phoenix dactylifera
  Palmae
- Cocos nucifera
  Palmae

132

134

135

134

VALSE
WALTZ

Bruno Lamberti

- Narcissus pseudonarcissus
  Amaryllidaceae
- Sagina subulata
  Caryophyllaceae

135

BRISEES
BROKEN LINES

Marie-Hélène Leduc

- Phormium tenax
  Agavaceae
- Hedera helix
  Araliaceae

136

FLEUR DE MÉTAL
METAL BLOOM

Christiane Herbiet
Atelier d'Art floral. Malmaison

- Dianthus caryophyllus
  Caryophyllaceae
- Maranta leuconeura 'Massangeana'
  Marantaceae

136

137

SOLEIL DE MARTINIQUE
MARTINICAN SUNSHINE

José Littée. Martinique

- Heliconia hyb.
  Strelitziaceae
- Ranunculus asiaticus
  Ranunculaceae
- Goniolimon tataricum
  Plumbaginaceae
- Anigozanthos flavidus
  Haemodoraceae
- Musa balbisiana
  Musaceae
- Nephrolepis exaltata
  Davalliaceae - Oleandroideae

138

SOLEIL EN BEAUCE
BEAUCE SUNSHINE

Martine Laurain
Les Amis des fleurs.
Saint-Cloud

- Triticum sativum
  Gramineae - Pooideae
- Avena sativa
  Gramineae - Pooideae
- Papaver rhoeas
  Papaveraceae
- Chrysanthemum maximum
  Compositae
- Dracaena fragrans
  Agavaceae
- Polygonatum multiflorum
  Liliaceae

137

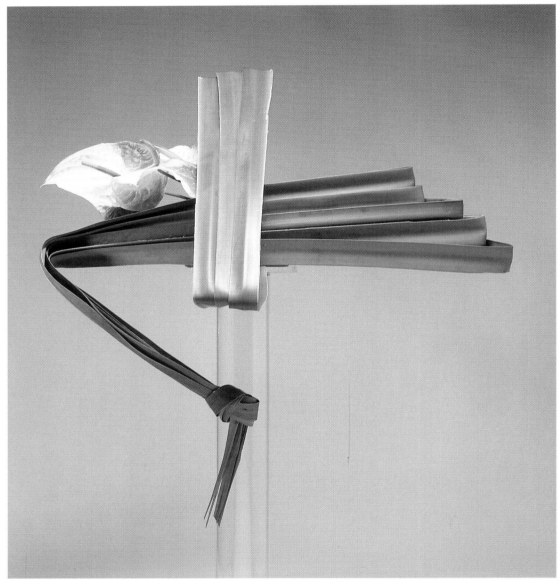

139

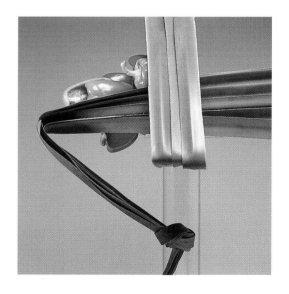

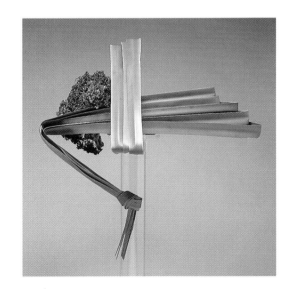

142

143

IKEBANA : IKENOBO JIYUKA

Midori Suzuki
Association franco-japonaise
d'Art floral

- Salix matsudana 'Tortuosa'
  Salicaceae
- Phormium tenax
  Agavaceae
- Anemone coronaria
  Ranunculaceae
- Galax aphylla
  Diapensiaceae
- Chrysanthemum hyb.
  Compositae

144

IKEBANA : OHARA

Marcel Vrignaud
Centre d'Art floral Ikébana.
Paris

- Acer pseudoplatanus
  Aceraceae
- Symphoricarpos orbiculatus
  Caprifoliaceae
- Hydrangea macrophylla
  Hydrangeaceae
- Foeniculum vulgare
  Umbelliferae
- Rhododendron hyb.
  Ericaceae

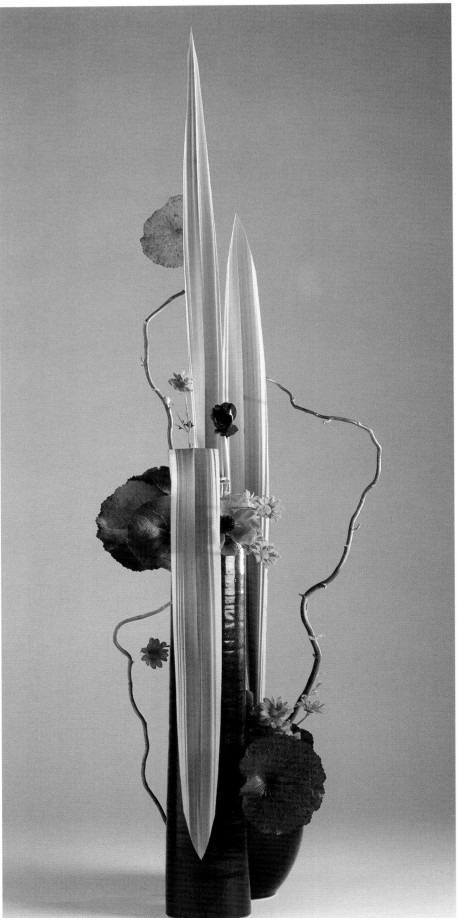

143

145

IKEBANA: IKENOBO

Elisabeth Carpentier
Ikébana international France

- Cotoneaster franchetii
  Rosaceae
- Euphorbia fulgens
  Euphorbiaceae
- Diospyros kaki
  Ebenaceae

146

IKEBANA: IKENOBO

Marcelle Trambouze
Atelier d'Art floral Ikénobo

- Spiraea x vanhouttei
  Rosaceae
- Chrysanthemum hyb.
  Compositae
- Chamaecyparis obtusa
  'Nana gracilis'
  Cupressaceae
- Lilium hyb.
  Liliaceae

147

IKEBANA: OHARA

Renée Jehanno
Art floral occidental et oriental.
Rennes

- Forsythia x intermedia
  Oleaceae
- Camellia japonica
  Theaceae
- Narcissus hyb.
  Amaryllidaceae

146

148

IKEBANA : OHARA

Annick Gendrot
Art floral. Paris

- Wisteria floribunda
  Leguminosae - Papilionoideae
- Cytisus scoparius
  Leguminosae - Papilionoideae
- Fatsia japonica
  Araliaceae
- Asparagus africanus 'Cooperi'
  Liliaceae
- Hippeastrum hyb.
  Amaryllidaceae

149

IKEBANA : OHARA

Marie-Alice Sinatti
Atelier d'Art floral
d'Ile-de-France

- Symphoricarpos albus
  Caprifoliaceae
- Anthurium andreanum
  Araceae
- Zinnia angustifolia
  Compositae

148

149

150

IKEBANA : IKENOBO

Midori Suzuki
Alliance franco-japonaise d'art
floral. Paris

- Anthurium andreanum
  Araceae
- Aspidistra elatior
  Liliaceae
- Euonymus japonicus 'Aureo picta'
  Celastraceae

151

IKEBANA : SOGETSU

Anne Gagey
Atelier Floral
Sylvie Expert-Bezançon

- Prunus spinosa
  Rosaceae
- Malus pumila
  Rosaceae
- Paeonia lactiflora
  Ranunculaceae

150

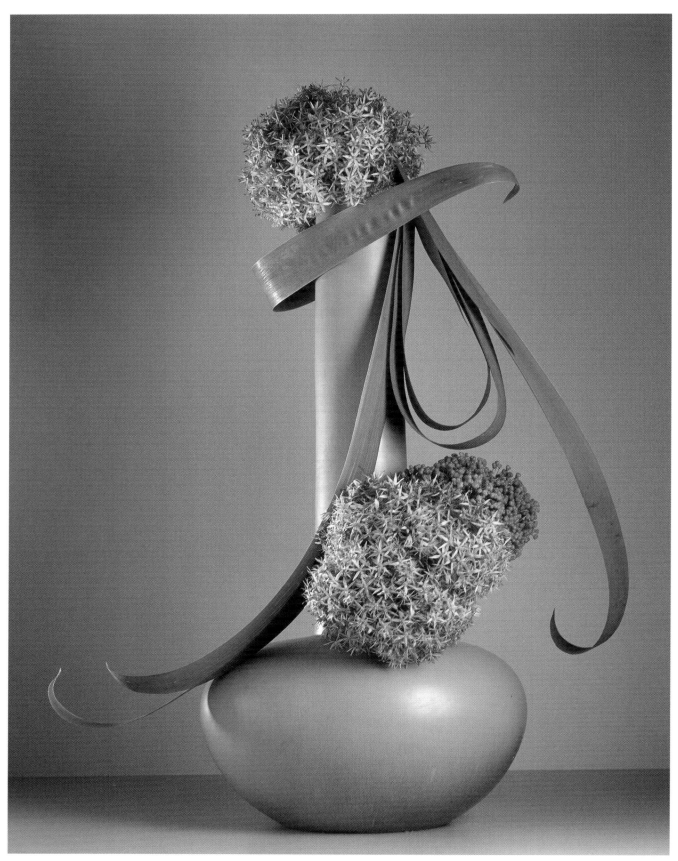

153

Explications des montages des compositions florales

How to mount your mechanic

Techniques le plus souvent
employées pour le montage
des compositions florales

Usual plant holding mechanics

 TECHNIQUE A
Eau seulement
Only water

 TECHNIQUE B
Mousse synthétique
*Water-retaining
plastic-foam*

 TECHNIQUE C
Pique-fleurs
Pinholders

 TECHNIQUE D
Tube à orchidée
Orchid-tube

 TECHNIQUE E
Grillage
Wire-netting

1 *Tech.: B/E*

COQ GAULOIS
THE FRENCH COQUEREL

Sylviane Marchand

Coq en grillage rempli de mousse synthétique. Végétaux séchés, dorés.

Cockerel made from wire mesh filled with synthetic foam. Dried, gilded plants.

2 *Tech.: E*

SOUPER DU ROY (LOUIS XIV)
THE KING SUPPER (LOUIS XIV)

Liliane Labarrière

Composition caractéristique de l'époque : forme carrée, fleurs dispersées, fruits.

Typical composition of the period: square shape - scattered flowers - fruits.

3 *Tech.: B*

LE TEMPS DES CERISES
CHERRY TIME

Sylvie Expert-Bezançon

Tige métallique recouverte de blé fixée dans un panier rempli de terre glaise. Bloc de mousse synthétique dans la partie supérieure.

Metal rod covered in wheat and anchored in a basket filled with clay. Block of synthetic foam in the upper part.

4 *Tech.: B*

CHLOROPHYLLE
CHLOROPHYLL

Mylène Le Berrigaud

Jeu de feuilles utilisées à l'endroit et à l'envers.

Play of leaves used upperside and underside.

5 *Tech.: B*

LE TEMPS DES CHATAIGNES
CHESNUTS TIME

Claude Rousseau

Boule de mousse synthétique sèche recouverte de châtaignes, évidée dans sa partie supérieure pour recevoir un récipient. Végétaux regroupés par masses rondes. Des envolées de lierre animent l'ensemble.

Ball of dry synthetic foam covered in chestnuts and hollowed out at the top to hold a container. Plants grouped in round masses. Overall composition brought to life by escaping trails of ivy.

6 *Tech.: B*

SONATE D'AUTOMNE
AUTUMN SONATA

Claudie Diana

Composition rustique aux couleurs chaudes. L'espace, créé par le grillage et le lierre, équilibre le bouquet.

Rustic composition with warm colours. Arrangement given balance by space created by the ivy and wire mesh.

7-8 *Tech.: B*

RAFRAICHISSEMENT
REFRESHMENT

Annie Lerebour

Deux vases superposés utilisés dans les deux sens. Le fruit est maintenu par deux tiges de bois.

One vase placed on top of the other and vice-versa. The fruit is held in place by two wooden sticks.

9 *Tech.: B*

ARABESQUES
ARABESQUES

Sylvie Expert-Bezançon

Choix d'éléments ayant le même graphisme. Originalité dans l'utilisation des tiges d'arum.

Selection of materials sharing the same outlines. Originality in the use of arum lily stems.

10 *Tech.: B*

REVE D'OR
GOLDEN DREAM

Monique Gautier

Feuilles dorées fraîches et sèches.

Gilded living and dried leaves.

11-12-13 *Tech.: B*

JARDINS A LA FRANÇAISE
FRENCH FORMAL GARDENS

Olga Méneur

Mousse végétale et feuilles maintenues par des tiges de fer. Fleurs et légumes rangés systématiquement.

Leaves and moss secured with wires. Flowers and vegetable arranged methodically.

14 *Tech.: B*

COUP DE VENT
GUST OF WIND

Jeanne Mévil-Blanche

Mouvement donné par les feuilles aux graphismes différents.

Movement provided by variously-shaped leaves.

15 *Tech.: B/C*

MEANDRES
MEANDERS

Jacqueline Bogrand

Un pique-fleurs avec réceptable, placé à l'arrière du contenant, maintient les arums aux longues tiges. Les autres, plus courts, sont piqués dans l'orifice du vase grâce à de la mousse synthétique et maintenus entre eux par une fine tige de bois.

A pinholder with recipient, placed at the back of the container, holds the long-stemmed arums. The shorter-stemmed arums are set in the neck of the vase using synthetic foam and held together by a slender wooden stick.

16 *Tech.: E*

DISTINCTION
DISTINCTION

Chantal Sallou

Vase équipé d'une coupelle. Forme traditionnelle traitée par masse de couleurs.

Vase fitted with a small dish. Traditional shape treated by colour masses.

17 *Tech.: B*

OPULENCE
OPULENCE

Ghislaine Bignon

Vase équipé d'une coupelle. Couleurs chatoyantes.

Vase fitted with a small dish. Shimmering colours.

18 *Tech.: B*

DIABOLIQUE
DIABOLICAL

Sylvie Cazaubiel

Le galet à l'arrière donne de la profondeur à la composition.

The pebble at the back gives depth to the composition.

19 *Tech.: B*

REFLETS
REFLECTIONS

Renée Jehanno

Sur un pied d'altuglass est fixée une longue plaquette supportant une bande de mousse synthétique pour accueillir les végétaux.

A band of synthetic foam in which plants can be secured rests on a long plaque, which in turn is fixed onto a Plexiglas base.

20 *Tech.: B/D*

NOCES D'ARGENT
SILVER WEDDING

Danielle Prat

L'orifice étroit des deux vases est équipé de coupelles. Les œillets du bas sont conditionnés dans un tube à orchidées. Un jonc métallique unit les deux vases.

The narrow orifices of the two vases are fitted with small dishes. The carnations at the bottom are placed in orchid tubes. A metal rush links up the two vases.

21 *Tech.: C*

REVEILLON
NEW YEAR'S WARE

Christine Perret

Deux pique-fleurs placés l'un à l'intérieur, l'autre à l'extérieur de la coupe permettent de donner de la profondeur à cette composition.

Two pinholders, one placed inside the cup, the other outside, give depth to this composition.

22 *Tech.: B*

ONDOIEMENT
UNDULATION

Françoise Coulombel

Mouvement créé par l'opposition du caryota blanc et noir. Les feuilles équilibrent la masse des fleurs.

Movement created by the contrast of the black and white caryota. Mass of flowers balanced by the foliage.

23 *Tech.: B*

BARBOTINE
BARBOTINE WARE

Catherine Crouzet

La masse de feuillages et les fruits compensent le volume des fleurs. Le vide est volontairement préservé à droite.

The fruit and the mass of foliage compensate for the volume of the flowers. A space is deliberately kept empty on the right.

24 *Tech.: B*

EVASION
ESCAPE

Charlotte Cavaillès

Version moderne du triangulaire classique.

Modern version of the classical triangular composition.

25 *Tech.: C*

PIROGUE
PIROGUE

Nicole Duquesne

Le bambou sur lequel sont collées les cosses est maintenu sur un pique-fleurs.

The bamboo onto which the pods are glued is anchored in a pinholder.

26

TOREADOR
TOREADOR

Monique Gautier

Boucles de feuilles maintenues dans de la mousse synthétique. Mélange de végétaux frais et séchés.

Leaf curls firmly anchored in synthetic foam. Combination of living and dried plants.

27 *Tech.: B*

VERONESE
VERONESE

Monique Gautier

Vase drapé de velours. Harmonie de pourpre. Le travail des fleurs groupées favorise une plus longue conservation.

Vase draped in velvet. Purple harmony. As the flowers are grouped together, the arrangement lasts longer.

28 *Tech.: B*

GLISSADE
SLIDING

Anne Boullet

Opposition de masses et de lignes.

Contrasting lines and masses.

29 *Tech.: B*

JARDIN D'AUTREFOIS
OLD-FASHIONED GARDEN

Macky Veyrines

Travail en patchwork dans un panier en métal.

Patchwork in a metal basket.

30 *Tech.: B*

INFLORESCENCE
INFLORESCENCE

Jeanne Mévil-Blanche

Composition spontanée qui reprend la forme du vase.

Spontaneous composition echoing the shape of the vase.

31 *Tech.: B*

CARNAVAL
CARNIVAL

Jeanne Rehbinder

Vase équipée d'une coupelle. Les feuilles enroulées rappellent la forme du vase.

Vase fitted with a small dish. The rolled leaves echo the shape of the vase.

32 *Tech.: B*

SINUOSITE
SINUOSITY

Marie-José Perron

La rondeur des assiettes est rappelée par le jeu des feuilles de typha.

The roundness of the dishes is evoked in the play of cattail leaves.

33 *Tech.: B*

QUADRILATERE
QUADRILATERAL

Olga Méneur

Feuilles retaillées pour accentuer l'aspect moderne. Les gros éléments sont maintenus dans la mousse par des tiges de fer.

Leaves trimmed to heighten modernity. The larger elements are anchored in the foam with wires.

34 *Tech.: B*

RODEO
RODEO

Liliane Labarrière

Deux bouteilles équipées d'une coupelle ou d'un entonnoir. Les tiges d'alocasia, en deux parties, sont maintenues dans la mousse par deux fines baguettes de bois.

Two bottles fitted with a small dish or funnel. The two groups of alocasia shoots are secured in the foam using two slender wooden sticks.

35 *Tech.: B*

ECLATS
FLASHES

Liliane Labarrière

Plaques d'altuglass maintenues horizontalement dans un bloc de mousse synthétique dissimulé derrière un morceau d'altuglass vertical.

Plexiglas plaques secured horizontally in a block of synthetic foam, which in turn is hidden behind a vertical piece of Plexiglas.

36

EMBLEME
EMBLEM

Midori Suzuki

Tige centrale maintenue dans le vase par de la glaise et entourée de mousse végétale humide.

Central stem anchored in vase with clay and surrounded by damp moss.

37 *Tech.: B*

FRIMAS
WINTRY WEATHER

Tobias Karolicki

Cylindre équipé d'une coupelle et recouvert de feuilles d'aspidistra.

Cylinder fitted with a small dish and covered in aspidistra leaves.

38 *Tech.: B*

FOIE GRAS
FOIE GRAS

Nicole Guillaume

Les courgettes sont maintenues dans les choux par des tiges de bois.

The courgettes are fixed inside the cabbages using wooden sticks.

39 *Tech.: C*

CUISSES DE GRENOUILLES
FROG'S LEGS

Jeanne Mévil-Blanche

Paysage.

Landscape.

40 *Tech.: B*

NOUVELLE CUISINE
NOUVELLE CUISINE

Elisabeth Arnol

Les assiettes sont maintenues dans de la glaise, les éléments frais dans la mousse synthétique. Les poireaux en hauteur allègent la composition et lui confèrent une note d'humour.

The dishes are anchored in clay and the living material is held in synthetic foam. The upright leeks lighten the composition and give it a humorous touch.

41 *Tech.: B*

SOUPER FIN
ELEGANT SUPPER

Christiane Larroumets

Fleurs rangées avec systématique en arc de cercle sur une plaque de mousse synthétique.

Flowers arranged in an orderly way in arcs of a circle on a flat piece of synthetic foam.

42 *Tech.: B*

ESCARGOT DE BOURGOGNE
BURGUNDY SNAIL

Nhung Nguyen Duy

Feuilles de poireaux tigées et travaillées en spirales.

Wired leek leaves bent into spirals.

43 *Tech.: B*

JARDINIERE DE LEGUMES
KITCHEN GARDEN

Colette Seguin

Les légumes et les fleurs sont maintenus ou tigés par des baguettes de bois.

The flowers and vegetables are held in place by wooden sticks.

44 (Variation)

Les alliums sont tigés pour leur donner la courbe voulue.

The alliums are wired in order to bend them into the required curves.

45 *Tech.: A*

SOIR DE LUNE
MOONLIT EVENING

Christiane Larroumets

Cinq vases blancs regroupés. Composition végétative à l'horizontale.

Group of five white vases. Horizontal naturalistic plant composition.

46 *Tech.: B*

SPATIAL
SPACE

Irène Rolland

Recherche dans l'harmonie des végétaux avec le contenant. Opposition de ligne et de masse.

Quest for harmony between plants and container. Contrast of line and mass.

47 *Tech.: B*

FEU DE CAMP
CAMP FIRE

Renée Jehanno

Opposition d'éléments secs et frais. Les lianes dissimulent le bloc de mousse synthétique dans lequel sont disposés les strelitzias et le feuillage qui donne de la profondeur à la composition.

Contrast of dried and living materials. The lianas hide the block of synthetic foam in which are placed the strelitzias and foliage which give the composition its depth.

48 *Tech.: E*

DELICES D'AUTOMNE
AUTUMN DELIGHTS

Marie-Alice Sinatti

Composition d'inspiration classique traitée par petites masses.

Classically-inspired composition handled using small masses.

49 *Tech.: B*

BOLERO
BOLERO

Bénédicte Noyelle

Bouquet rond destructuré. La masse de fleurs est équilibrée par la multitude de lianes échevelées.

Round, "destructured" arrangement. The mass of flowers is balanced by the host of unruly lianas.

50 *Tech.: B*

PARAPHE
PARAPH

Mireille Hatinguais

Les feuilles de yucca sont découpées et placées en parallèle. La flèche est équilibrée par les deux feuilles de droite qui s'échappent de la composition.

The yucca leaves are trimmed along their tops and placed in a row. The arrow is balanced by the two leaves on the right which escape from the composition.

51 *Tech.: B*

MOUVEMENT
MOVEMENT

Jacqueline Bogrand

Les tulipes sont utilisées dans leur mouvement et leur exubérance naturelle.

The movement and natural exuberance of the tulips are made the most of here.

52 *Tech.: B*

QUARTZ
QUARTZ

Sylvie Expert-Bezançon

Végétaux travaillés par masses sous un axe vertical.

Plants grouped in masses beneath a vertical axis.

53 *Tech.: B*

NACRE
MOTHER-OF-PEARL

Sylvie Expert-Bezançon

Mêmes éléments linéaires travaillés horizontalement, traversés par le jeu strict des anthurium.

Same linear elements arranged horizontally and cut across by a strict play of anthurium.

54 *Tech.: B*

DUO
DUO

Colette Samson-Baumann

Vases équipés de coupelles. Jeu de transparence.

Vases fitted with small dishes. Play of transparency.

55 *Tech.: B*

LES BLES VERTS
UNRIPE CORN

Marie-Odile Leluc

Tige métallique soudée sur un socle de fonte recouvert de blé. Forme traditionnelle traitée d'une manière moderne par masses.

Metal rod soldered onto a cast-iron base covered in wheat. Traditional shape handled in a modern way by use of masses.

56 *Tech.: B*

TRIO
TRIO

Jacqueline Bogrand

Forme et souplesse des feuilles obtenues grâce à un travail minutieux à la main.

Painstaking handiwork gives the leaves shape and pliability.

57-58 *Tech.: B*

RESSORT
SPRING

Catherine de La Source

Fagot de bambous teintés, fixé dans la glaise. Rotin façonné en spirale après humidification et séchage. Les végétaux frais sont conditionnés dans des blocs de mousse synthétique fixés aux bambous. Variation: pas de fleurs. Rotin et feuillage exubérants.

Bundle of dyed bamboo lengths secured in clay. Rattan worked into a spiral after being wetted and dried. The living plants are placed in blocks of synthetic foam fixed onto the bamboo. Variation: no more flowers. Exuberant rattan and foliage.

59

FROIDURE
COLD SEASON

Sylvie Cazaubiel

Composition d'éléments secs ne nécessitant pas de conditionnement.

Composition of dried material needing no water.

60 *Tech.: B/D*

GIVRE
FROST

Annie Lerebour

Bouquet d'hiver, à base d'éléments secs, animé par quelques fleurs fraîches conditionnées dans des tubes à orchidées (variations possibles avec un autre choix de fleurs).

Winter arrangement based on dried material enlivened by a few living flowers placed in orchid tubes (variations possible using different flowers).

61-62-64   *Tech.: B*

CHAPEAU
HAT

Claude Rousseau

Mousse synthétique, mousse végétale, éléments séchés et frais.

Synthetic foam - moss - living and dried materials.

63   *Tech.: B*

CHAPEAU
HAT

Annick Beal

Sur le champignon est fixé un petit bloc de mousse synthétique dans lequel sont plantés les végétaux.

The plants are secured by a small block of synthetic foam, which in turn is fixed to the mushroom.

65   *Tech.: B*

MOISSON D'AUTOMNE
AUTUMN SUN

Sylvie Expert-Bezançon

Fleurs traitées en masse. Les éléments reprennent la forme du vase.

Flowers arranged in masses. The various elements echo the line of the vase.

66   *Tech.: B*

PAYS DE BRETAGNE
BREETON LANDSCAPE

Marie-Alice Sinatti

Opposition de lignes et de masses en harmonie avec la poterie.

Contrast of outlines and masses in harmony with the piece of pottery.

67   *Tech.: B*

VIOLINE
VIOLIN

Maguy Kerspern

La masse de fleurs est compensée par la chute d'arums.

The mass of flowers is balanced by the cascade of arum lilies.

68   *Tech.: B*

LA RONDE DES ANGES
CIRCLE OF ANGELS

Jacqueline Bogrand

Cônes de mousse synthétique recouverts de feuilles dorées en partie dans le sens longitudinal. Bougies rondes. Fil de laiton pour relier l'ensemble.

Cones of synthetic foam covered in leaves which have been gilded along one side. Round candles. Brass wire binding the composition together.

69   *Tech.: B/C*

SCULPTURE AQUATIQUE
AQUATIC SCULPTURE

Béatrice Bonneau

Cylindre de verre sur lequel est posée une coupelle. Deux pique-fleurs avec réceptacles pour accueillir feuilles intérieures et extérieures.

Glass cylinder on which is placed a small dish. Two pinholders with receptacles to hold leaves, one placed inside the dish, the other outside.

70   *Tech.: B*

ISPAHAN
ISFAHAN

Liliane Labarrière

Les lianes reprennent la structure et la forme du vase.

The lianas echo the shape and structure of the vase.

71   *Tech.: D*

RIBAMBELLE
FLOWER CHAIN

Béatrice Bonneau

Tresse de raphia écartée en son centre. Les hellébores sont maintenus dans des tubes à orchidées.

Raphia plait with a gap in the middle. The hellebores are placed in orchid tubes.

72   *Tech.: B*

TOURBILLON
WHIRLWIND

Nicole Duquesne

Tige centrale métallique recouverte de mousse synthétique et végétale et de grillage, jeu de contraste de textures, harmonie verte et blanche.

Central metal rod covered in synthetic foam and moss and wire mesh. A play of contrasting textures, a green and white harmony.

73   *Tech.: B*

FLEUR DE NIL
FLOWER OF THE NILE

Marie-Alice Sinatti

Association de fleurs en pots et fleurs coupées contrastant avec le jeu de feuilles.

Association of pot plants and cut flowers contrasting with the play of leaves.

74-75

A LA MANIERE DE ROBERT DELAUNAY
IN THE STYLE OF ROBERT DELAUNAY

Colette Poli-Marchetti, Sylvie Cazaubiel

Végétaux séchés, teintés, juxtaposés et collés sur plaque de liège.

Dried, dyed plants juxtaposed and glued onto a flat piece of cork.

76

A LA MANIERE DE PICASSO
IN THE STYLE OF PICASSO

Colette Bel, Danielle Delgrange

Eléments séchés, teints, collés.

Dried, dyed, glued material.

77   *Tech.: B*

ART DECO/ART NOUVEAU
ART NOUVEAU/ART DECO

Jeanne Rehbinder

Vase d'époque équipé d'une coupelle.

Period vase fitted with a small dish.

78   *Tech.: B*

ANNEES 30
THE 'THIRTIES'

Colette Samson-Baumann

Eléments frais et secs. Les végétaux secs sont travaillés mouillés puis maintenus en forme jusqu'au séchage complet pour acquérir les formes voulues.

Living and dried materials. The dried plants are soaked before being put into place and held in position until completely dry, in order to obtain desired shapes.

79   *Tech.: D*

BRUMES
MISTS

Monique Larher

Paysage : végétaux frais et séchés. Les lys sont maintenus dans des tubes à orchidée.

Landscape: living and dried plants. The lilies are placed in orchid tubes.

80   *Tech.: B*

MILLE FEUILLES
IN FULL LEAF

Fernande Berg

Choix d'éléments secs et frais, tous conditionnés dans de la mousse synthétique. La petite composition à l'avant donne du relief à l'ensemble.

Selection of dried and living materials, all placed in synthetic foam. The small composition at the front puts the whole arrangement into relief.

81   *Tech.: D*

ENTRELACS
INTERLACING

Bruno Lamberti

Enchevêtrements de branches et de végétaux frais maintenus dans des tubes à orchidées.

Tangle of branches and living plants placed in orchid tubes.

82 *Tech.: A/C*

TRADITION
LOUIS XVI TRADITION

Isabelle Delorme

Bouquet classique ovoïde de style Louis XVI.
Riche palette de coloris pastels.

Classical Louis XVI-style egg-shaped arrangement. Rich palette of pastel shades.

83 *Tech.: B*

CHARTREUSE DE PARME
THE CHARTERHOUSE OF PARMA

Chantal Mérieux

Composition d'inspiration classique traitée par masses de fleurs et personnalisée par un feu de feuilles qui prolonge la composition.

Classically-inspired composition using flower masses and personalized by a play of leaves which extends the composition outwards.

84 *Tech.: B*

BIJOUX
JEWELLERY

Nicole Guillaume

Collier réalisé avec des feuilles de palmier tressées. Motif en forme de fleur exécuté avec des végétaux secs collés.

Necklace made from plaited palm leaves. Flower pattern created using glued dried plants.

85

BIJOUX
JEWELLERLY

Michèle Kissel

Les bijoux sont exécutés uniquement avec des végétaux séchés, parfois tressés, dorés ou naturels.

The jewels are made entirely out of dried plants, sometimes plaited or gilded, sometimes left as they are.

86-88

BIJOUX
JEWELLERY

Jeanne Rehbinder

Végétaux séchés naturels ou dorés, collés.

Dried plants, gilded or left as they are, then glued.

87

TIARE
TIARA

Jeanne Rehbinder

Tous les éléments sont des végétaux séchés, tressés, collés, parfois dorés.

All the materials are dried, plaited, glued and sometimes gilded.

89 *Tech.: B*

ARLEQUIN
HARLEQUIN

Marie-Odile Courtot - Danièle Espinasse

Fleurs groupées par masses très contrastées. L'élan vertical est accentué par le pandanus placé à l'arrière et équilibré par le jeu de feuilles à l'avant. Le vase vide donne la profondeur.

Flowers grouped in highly contrasting masses. The vertical thrust is accentuated by the pandanus placed at the back and balanced by the play of leaves at the front. The empty vase provides depth.

90 *Tech.: B*

LES DEUX COMPERES
THE TWO GOSSIPS

Danièle Espinasse, Marie-Odile Courtot

Axes verticaux fixés dans deux pots remplis de terre glaise aux trois quarts. Telle une guirlande, les œillets entourent ces axes. Au sommet, les fleurs sont disposées sur deux plaquettes de bois recouvertes de mousse.

Vertical axes anchored in two pots filled three-quarters of the way up with clay. The carnations surround these axes like a garland. At the top, the flowers are arranged on two flat pieces of wood covered in foam.

91 *Tech.: B*

LUNE
MOON

Annick Lapeyre

Végétaux séchés et frais exubérants par rapport à la rigueur de la première variation.

An exuberant combination of living and dried plants, compared with the rigour of the earlier composition.

92 *Tech.: B*

LUNE
MOON

Colette Seguin

Vase rond avec une fente verticale équipée de mousse synthétique. La ligne des fleurs s'oppose à celle des feuilles travaillées sur les deux faces.

Round vase with vertical slit filled with synthetic foam. The line of flowers contrasts with the line of leaves shown upperside and underside.

93 *Tech.: B/C*

CUEILLAISON
FLOWER HARVEST

Bruno Lamberti

Tulipes disposées en bottes maintenues par de fins bâtonnets de bois. Les deux tulipes au sol sont plantées dans un pique-fleurs caché derrière les feuilles.

Tulips arranged into bunches secured by slender wooden sticks. The two tulips on the ground are stuck in a pinholder hidden behind the leaves.

94 *Tech.: B*

MELANCOLIE
MELANCOLY

Monique Gautier

Boule de tiges d'osier entremêlées, surmontée d'une coupelle.

Baulls of tangled willow with a cup on top.

95 *Tech.: B/C*

MARGOTTIN
BUNDLE OF TWIGS

Nadine Strauch

Les branches dissimulent la mousse synthétique dans laquelle sont piquées diverses feuilles fraîches et sèches. Les fleurs à l'arrière, placées dans un récipient muni d'un pique-fleurs, donnent de la profondeur à la composition.

The branches hide the synthetic foam in which are anchored an assortment of living and dried leaves. At the back, the flowers placed in a container with a pinholder give depth to the composition.

96 *Tech.: B*

ENLACEMENT
ENTWINING

Jacqueline Bogrand

Les feuilles entrecroisées sont maintenues par quelques fils métalliques et la mousse synthétique et embrassent le vase étroitement pour bien s'incorporer à sa forme.

The intertwined leaves are held in synthetic foam by a few metal wires and tightly hug the vase, thereby becoming an integral part of its shape.

97 *Tech.: B*

LUMIERE
LIGHT

Claude Rousseau

Quelques fleurs fraîches accompagnent les feuilles d'aspidistra dorées qui pourront sécher. L'asparagus allège la composition et la prolonge dans l'espace.

A few living flowers accompany gilded aspidistra leaves which can be left to dry. The asparagus lightens the composition and extends it outwards.

98 *Tech.: B*

LUMIERE
LIGHT

Jeanne Rehbinder

Chandelier métallique recouvert de mousse végétale. Les coupelles qui reçoivent les bougies sont équipées de mousse synthétique et garnies d'éléments frais.

Metallic candelabrum covered in moss. The tiny candle holders are filled with synthetic foam and decorated with living material.

99 *Tech.: B*

LUMIERE
LIGHT

Bruno Lamberti

Structure métallique recouverte d'écailles de pommes de pin collées.

Metallic structure which has been entirely covered in glued pine cone scales.

100

LUMIERE
LIGHT

Colette Bel

Cônes enveloppés de feuilles séchées. Végétaux ne nécessitant pas de conditionnement.

Cones enveloped in dried leaves. Plants not requiring water.

101 *Tech.: A/C*

LUMIERE
LIGHT

Colette Bel

Une tranche de potiron épouse la forme du vase.

A slice of pumpkin hugs the shape of the vase.

102 *Tech.: B*

CYGNE AU NID
NESTING SWAN

Eliane Boulongne

La racine forme un trépied qui supporte l'ensemble des végétaux et la sculpture en bois.

The root forms a stand on which rest the plants and the wooden sculpture.

103 *Tech.: B*

BRUME D'AUTOMNE
AUTUMN MIST

Ginette Freychet

L'originalité de ce bouquet dont la forme est classique est due au choix et à l'équilibre des végétaux entre eux.

The originality of this classically-shaped arrangement stems from the choice and balance of the plants.

104 *Tech.: B*

RECTO-VERSO
RECTO-VERSO

Maryvonne Degoursi

Le jeu de feuilles endroit sur envers est réalisé dans le col du vase équipé d'une coupelle remplie de mousse synthétique. A la base, une couronne de mousse permet un rappel.

A play of leaves shown upperside and underside is brought about in the neck of the vase, which is fitted with a small dish filled with synthetic foam. This is echoed by a crown of moss at the base of the vase.

105 *Tech.: B*

VERDISSIMO
VERDISSIMO

Marie-Odile Courtot

Composition monochrome, support en altuglass.

Monochrome composition - Plexiglas base.

106 *Tech.: B/C*

L'AIGUILLE VERTE
GREEN NEEDLE

Marie-Odile Courtot

Deux yuccas maintenus dans un pique-fleurs à l'arrière donnent la profondeur à la composition.

Two yuccas secured in a pinholder at the back give depth to the composition.

107 *Tech.: B*

PROPULSION
PROPULSION

Jacqueline Nataf

Feuilles travaillées en courbes et maintenues dans de la mousse synthétique. Osmose entre les végétaux et le vase.

Leaves bent into curves and anchored firmly in synthetic foam. Osmosis between plants and vase.

108 *Tech.: B*

DIAMANT NOIR
BLACK DIAMOND

Monique Gautier

Vase et végétaux peints partiellement en noir pour leur laisser un peu de naturel et ménager des touches de lumière.

Vase and plants painted only partially black, in order to leave them a hint of nature and create touches of light.

109 *Tech.: B*

BALLE D'IVOIRE
IVORY BALL

Monique Gautier

Masses souples, variées, monochromes qui glissent le long du vase pour en épouser la forme.

Supple, varied monochrome masses sliding along the vase, hugging its outline.

110 *Tech.: C*

LA NAISSANCE DE L'HOMME NOUVEAU
BIRTH OF THE NEW MAN

Claudie Daniel Mangold

Forme ovoïde recouverte de mousse végétale. Jaillissement de fleurs et de feuilles.

Oval shape covered in moss. Leaves and flowers surge upwards.

111 *Tech.: B/C*

ERUPTION AU CENTRE DE LA TERRE
ERUPTION AT THE CENTRE OF THE EARTH

Marie-Claire Villotte

Les polypores sont fixés sur une tige métallique soudée à un pied de fonte.

The shelf fungi are attached to a metal rod soldered onto a cast-iron base.

112 *Tech.: B*

TOTEM
TOTEM

Cathy Roulleau

Sculpture de gousses séchées, éclairée par des fleurs conditionnées dans de la mousse synthétique.

Sculpture of dried pods, illuminated by flowers placed in synthetic foam.

113

COSMOS
COSMOS

Liliane Labarrière, Marie-Thérèse Petipas

Eléments séchés teints, collés sur altuglass. Panneau pouvant être posé ou accroché.

Dried, dyed material glued onto Plexiglas. Panel to be laid flat or hung up.

114 *Tech.: B*

NOCES DE CRISTAL
CRYSTAL WEDDING

Colette de Glasyer

Flûte de verre équipée d'une coupelle. Cette flûte est enroulée de cellophane sur laquelle est projetée de la colle pour fixer les morceaux de verre. La pointe est indépendante et posée sur la composition achevée.

Tall glass fitted with a small dish. This glass is rolled in cellophane, onto which glue is sprayed to hold glass fragments. The tip is separate and placed on the finished composition.

115 *Tech.: B*

CERCLES PARFUMES
PERFUMED CIRCLES

Christiane Herbiet

Flacons de parfum dont le graphisme a été repris par la forme des végétaux travaillés en masse.

Perfume bottles whose outlines are echoed by the shapes of the plants grouped into masses.

116 *Tech.: C*

L'AIR DU TEMPS
THE SPIRIT OF THE TIMES

Jacqueline Nataf

Un pique-fleurs placé à l'arrière du flacon maintient les feuilles qui évoquent des ailes d'oiseau.

A pinholder placed behind the bottle holds leaves evoking birds' wings.

117   *Tech.: B*

VENTS D'AILLEURS
WIND FROM FARAWAY

Colette Bel

Les tiges de saule sont liées entre elles et maintenues sur un axe central fixé dans le vase.

The willow twigs are bound together around a central axis fixed in the vase.

118   *Tech.: B*

EFFLUVES
FRAGRANCES

Marie-Hélène Leduc

Flacon de parfum à l'arrière duquel est fixé un bloc de mousse grillagé. Travail de masses et de lignes qui épousent la forme du contenant.

Perfume bottle behind which is fixed a block of wire-meshed foam. Masses and outlines hug the shape of the container.

119   *Tech.: B*

LA MERE ET L'ENFANT
MOTHER AND CHILD

Christiane Larroumets

Osmose entre les végétaux et les vases. Opposition de lignes.

Osmosis between plants and vases. Contrasting lines.

120   *Tech.: C*

OBELISQUE
OBELISK

Jacqueline Bogrand

Un pique-fleurs maintient la colonne de gyneriums laqués, collés tête-bêche.

The column of lacquered gyneriums glued head to tail is held in place by a pinholder.

121   *Tech.: B*

CLAIR-OBSCUR
CHIAROSCURO

Marie-Thérèse Henry

Association d'éléments secs et frais. Le grillage donne relief et profondeur.

Association of living and dried material. The wire mesh provides relief and depth.

122   *Tech.: B*

AUTOMNALE
AUTUMNAL SCENEE

Soazic Le Franc

Bouquet confectionné à l'extérieur du vase grâce à de la mousse synthétique maintenue à l'avant du contenant.

Arrangement created on the outside of the vase using synthetic foam placed in front of the container.

123   *Tech.: B*

ILE NOIRE
BLACK ISLAND

Régine Hégron-Février

Le grillage reprend la forme du vase et crée un espace.

The wire mesh echoes the shape of the vase and creates a space.

124   *Tech.: B*

PENCHANT
PENCHANT

Nicole Duquesne

Les feuilles évoquent la forme et la texture du vase.

The leaves evoke the shape and texture of the vase.

125   *Tech.: B*

PICHET COSSU
OPULENT PITCHERFUL

Monique Gautier

Les végétaux enroulés peuvent suggérer l'anse du vase. Les boules de lierre sont montées individuellement sur une tige métallique pour former une large grappe en regard du mimosa. Les chamaerops donnent de la profondeur au bouquet. Contraste de couleurs.

The rolled plant material could almost be the handle of the vase. The balls of ivy are mounted individually on metal stems, forming a large cluster facing the mimosa. The chamaerops give depth to the arrangement. Contrasting colours.

126   *Tech.: C/D*

SOLEIL DE PONGA
PONGA SUNSHINE

Nhung Nguyen Duy

Bois naturel de Nouvelle-Zélande. Le wilson spear est maintenu dans un pique-fleurs dissimulé derrière les bûches. Les tulipes sont dans un tube à orchidées.

Natural wood from New Zealand. The Wilson spear is secured in a pinholder hidden behind the logs. The tulips are placed in orchid tubes.

127   *Tech.: B*

LA MEDUSE
JELLYFISH

Nhung Nguyen Duy

Mélange d'éléments frais et séchés. Les végétaux sont piqués dans une boule de mousse synthétique.

Combination of living and dried materials. The plants are secured in a ball of synthetic foam.

128   *Tech.: B*

NOEL
CHRISTMAS

Cécile Demeulenaere

Composition murale. Guirlande en forme de sapin. Fleurs dans un bloc de mousse synthétique.

Mural composition. Garland in form of Christmas tree. Flowers in block of synthetic foam.

129   *Tech.: B*

NOEL DE CENDRILLON
CINDERELLA'S CHRISTMAS

Marie-Luce Paris

Eléments de jardin dorés pour les rendre irréels.

Garden plant material gilded in order to take on an unreal quality.

130   *Tech.: B*

VOLUTES
WHORLS

Jeanne Malevergne - Françoise Coulombel

Axe vertical recouvert de feuilles de typha fixé dans le vase avec de la terre glaise. Spirales de lierre rigidifiées par un laiton. Fleurs d'amaranthe sur mousse synthétique.

Vertical axis covered in cattail leaves and anchored in vase with clay. Ivy spirals stiffened by brass wire. Amaranth flowers on synthetic foam.

131   *Tech.: B*

DERNIERS SOLEILS
FADING SUNLIGHT

Monique Larher

Jeu de contrastes de textures dans une harmonie de bruns et de jaunes.

Play of contrasting textures in a harmony of browns and yellows.

132   *Tech.: C*

BERCEMENT
ROCKING

Anne Boullet

Sobriété. Pureté dans l'harmonie des végétaux.

Sobriety. Purity in the harmony of the plants.

133   *Tech.: B et mousse végétale*

BILBOQUET
CUP-AND-BALL GAME

Claude Orchamp

Végétaux frais et séchés. Boules de mousse végétale.

Living and dried plants. Balls of moss.

134   *Tech.: B*

VALSE
WALTZ

Bruno Lamberti

Haut vase rectangulaire ouvert sur une face. Les jonquilles sont tigées pour leur donner une forme.

Tall rectangular vase open on one side. The daffodils are wired, to give them the desired shape.

135 *Tech.: B*

BRISEES
BROKEN LINES

Marie-Hélène Leduc

Travail de phormium pliés, apaisé par un jeu de feuilles de lierre.

Folded phormium leaves, with a soothing play of ivy leaves.

136 *Tech.: B*

FLEUR DE METAL
METAL BLOOM

Christiane Herbiet

Structure métallique réalisée avec des gaines en aluminium enroulées autour d'une tige centrale soudée sur un pied lourd. Fleurs maintenues sur de petits blocs de mousse synthétique dissimulés dans les plis du métal.

Metallic structure made from aluminium sheaths rolled around a central rod soldered onto a heavy base. Flowers secured in small blocks of synthetic foam hidden in the folds of the metal.

137 *Tech.: B*

SOLEIL DE MARTINIQUE
MARTINICAN SUNSHINE

José Litte

Forme classique rendue originale par le mélange d'éléments exotiques et occidentaux.

Classical shape, but with an original combination of exotic and Western materials.

138 *Tech.: D*

SOLEIL EN BEAUCE
BEAUCE SUNSHINE

Martien Laurain

Graminées séchées en bottes. Végétaux frais facilement renouvelables dans tubes à orchidées au milieu de la composition.

Bunches of dried grasses. Living plants easily renewable in orchid tubes in the middle of the composition.

139 *Tech.: B*

GEOMETRIE VARIABLE
RIGOUR

Christiane Herbiet

La feuille de yucca verticale dissimule le bloc de mousse synthétique dans lequel sont plantées, de part et d'autre, les feuilles qui forment une ligne continue horizontale. Trois variations du point focal.

The vertical yucca leaf hides the block of synthetic foam in which leaves are secured on either side, thereby forming a continuous horizontal line. 3 different focal points.

140 *Tech.: B*

CASCADE
LITHENESS

Hannelore Billat

L'effet de chute est accentué par une masse de végétaux retombants. Les pâtissons donnent du poids et de la stabilité à la compo-

sition et compensent la cascade d'éléments légers.

The falling effect is emphasised by a mass of tumbling plants. The gourds give the composition weight and stability and compensate for the cascade of lighter materials.

141 *Tech.: A*

IKEBANA: SOGETSU
IKEBANA: SOGETSU

Marie-Claude Durrmeyer

Les bambous liés entre eux sont maintenus en équilibre.

The bamboo lengths tied together are carefully balanced.

142 *Tech.: A*

IKEBANA: SOGETSU
IKEBANA: SOGETSU

Eliane Boulongne

Eléments frais et séchés. Coques posées en équilibre.

Living and dried materials. Shells carefully balanced.

143 *Tech.: A/C*

IKEBANA: IKENOBO JIYUKA
IKEBANA: IKENOBO

Midori Suzuki

Deux vases complémentaires aux formes opposées.

Two complementary vases with contrasting shapes.

144 *Tech.: A/C*

IKEBANA OHARA
IKEBANA OHARA

Marcel Vrignaud

Arrangement dans deux contenants.

Arrangement in two containers.

145 *Tech.: C*

IKEBANA IKENOBO
IKEBANA: IKENOBO

Elisabeth Carpentier

Contenant japonais ancien en bronze. Shôka, toutes les branches partant d'un même point.

Ancient Japanese bronze container. Shôka, all the branches departing from a single point.

146 *Tech.: C*

IKEBANA IKENOBO
IKEBANA OHARA

Marcelle Trambouze

Rikka: toutes les branches partent d'un même point.

Rikka: all the branches depart from the same point.

147 *Tech.: A/C*

IKEBANA: OHARA
IKEBANA: OHARA

Renée Jehanno

148 *Tech.: A*

IKEBANA: OHARA
IKEBANA: OHARA

Annick Gendrot

Composition exprimant un envol.

Taking Flight.

149 *Tech.: A*

IKEBANA: OHARA VASE RAKKU
IKEBANA: OHARA

Marie-Alice Sinatti

Branches s'appuyant sur la paroi du vase.

Branches resting on the side of the vase.

150 *Tech.: C*

IKEBANA IKENOBO
IKEBANA OHARA

Midori Suzuki

Shôka, tiges partant d'un même point.

Shôka, stems departing from the same point.

151 *Tech.: A/C*

IKEBANA: SOGETSU
IKEBANA: SOGETSU

Anne Gagey

152 *Tech.: A*

PANACHE
PANACHE

Jacqueline Bogrand

Le col du vase est équipé de mousse synthétique dans laquelle sont disposés l'allium du haut et les feuilles d'iris. Un pique-fleurs dissimulé par des feuilles maintient depuis l'arrière les fleurs du bas.

The neck of the vase is filled with synthetic foam, which holds the allium at the top and the iris leaves. The bottom flowers are secured in a pinholder at the back, which is hidden by the leaves.

153 *Tech.: B*

BLEU DE FRANCE
FRENCH BLUE

Jacqueline Bogrand

Camaïeu de bleu.
Bouquet structuré et destructuré par des éléments fins et linéaires qui s'échappent de la masse.

Varying shades of blue.
Arrangement structured and "destructured" by slender, linear materials escaping from the mass.

La Société nationale d'horticulture de France

La première société d'horticulture fondée en France a été celle de Paris, en 1827: un «club» de passionnés qui souhaitaient échanger leurs expériences, acquérir des savoir-faire, raconter leurs réussites, acclimater des espèces sauvages ou étrangères... La Société d'horticulture de Paris est née le 11 juin 1827 à partir d'une section de la Société royale et centrale d'agriculture, aujourd'hui Académie d'agriculture de France.

1837: elle reçoit le titre de Société royale d'horticulture de France. 1855: reconnue établissement d'utilité publique. 1858: un décret impérial autorise l'achat de l'hôtel sis au 84, rue de Grenelle, à Paris dans le VIIe arrondissement, depuis lors son siège.

La SNHF, association loi 1901, a pour vocation de promouvoir l'horticulture en France et à l'étranger, de servir de trait d'union entre amateurs et professionnels, d'aider à l'amélioration des connaissances horticoles et de représenter l'art des jardins en général.

Elle regroupe 800 000 adhérents au travers de 180 sociétés d'horticulture régionales auprès desquelles elle exerce un rôle fédérateur et rassemble 16 sections spécialisées qui font référence.

The French National Horticultural Society (SNHF)

France's very first horticultural society was founded in Paris in 1827. This was a "club" formed by plant enthusiasts wishing to share their experiences, gain fresh knowledge, recount their successes or acclimatize wild or foreign species. The Paris Horticultural Society came into existence on June 11th 1827, an offshoot of a section of the Royal Central Agricultural Society, which is now known as the French Academy of Agriculture.

In 1837, it received the title of Royal French Horticultural Society. In 1855, it was recognized as an institution serving the public interest.

In 1858, an imperial decree authorized the purchase of the property at 84, rue de Grenelle, in the VIIth arrondissement of Paris, which has housed the society's headquarters ever since.

The aim of the SNHF, a non-profitmaking organization, is to promote horticulture both in France and abroad, to provide a link between amateurs and professionals, to improve knowledge of all things horticultural and to represent the art of gardening in general.

It numbers some 800.000 members, via the 180 regional horticultural societies it brings together, and boasts sixteen specialized sections which are all recognized authorities in their respective areas.

Section Art floral

Fondée il y a près de 30 ans, la section Art floral de la Société nationale d'horticulture de France prouve son dynamisme constant. La qualité de ses travaux est reconnue au point que les grandes manifestations sollicitent sa participation. Ses activités sont nombreuses puisqu'elle regroupe amateurs et professionnels s'intéressant à l'art du bouquet occidental et oriental.

Son but est de promouvoir l'art floral par des expositions, démonstrations, participation aux concours nationaux et internationaux. Le diplôme d'animation florale artistique, DAFA (4 degrés), décerné par la SNHF, est un examen qui cautionne un travail de qualité pour animer clubs et écoles spécialisés dans l'art du bouquet. La formation de jurys nationaux et internationaux est régulièrement programmée.

Cette section est également un lieu d'échanges, où les idées sont constamment confrontées, comme il sied dans une académie bien vivante.

The Floral Art Section

Founded nearly thirty years ago, the Floral Art Section of the French National Horticultural Society has exhibited unflagging dynamism ever since. The quality of its work has become so universally recognized that it is always invited to take part in major events. Its activities are many and varied, bringing together as it does both amateurs and professionals who are interested in Western and Oriental flower arranging.

Its aim is to promote floral art via exhibitions, demonstrations and participation in national and international competitions.

Those who pass the SNHF exam on the organization of flower arranging clubs and schools are awarded one on the four grades of its diploma of artistic floral demonstration, or DAFA. Training for the members of national and international juries is organized on a regular basis.

This section also provides opportunities for exchanging opinions and ceaselessly challenging ideas, as befits a lively academy.

Sociétés adhérentes SNHF
dispensant des cours d'art floral

ART FLORAL OCCIDENTAL

Paris

75004

ATELIER FLORAL SYLVIE EXPERT-BEZANÇON

40, quai des Célestins - 75004 Paris
Tél.: (16-1) 42 71 52 31
Président et responsable art floral
Sylvie Expert-Bezançon

75006

ASSOCIATION DES AUDITEURS DES COURS DU LUXEMBOURG

55 *bis*, rue d'Assas - 75006 Paris
Tél.: (16-1) 45 47 69 99
Président
Emile Navarre
Responsable art floral
Nadège Hamelin

75008

ALLIANCE FRANCO-JAPONAISE D'ART FLORAL (AFJAF)

97, avenue des Champs-Elysées
75008 Paris et 9, rue des Blancs-Murs
94400 Vitry-sur-Seine
Tél.: (16-1) 46 81 99 11
Fax: (16-1) 45 73 07 66
Président
Pierre Breillat
Responsable art floral
Midori Suzuki

75015

ECOLE FRANÇAISE DE DECORATION FLORALE

5, rue Bellart - 75015 Paris
Tél.: (16-1) 47 34 96 52
Fax: (16-1) 40 56 38 72
Président et responsable art floral
Monique Gautier

Région Parisienne

77

LES AMIS DES FLEURS DE FONTAINEBLEAU

161, rue Grande - 77300 Fontainebleau
Tél.: (16-1) 64 22 28 15
Président et responsable art floral
Alice Bourgoin

77

ATELIER D'ART FLORAL DE BUSSY-SAINT-MARTIN

1, rue du Parc - 77600 Bussy-Saint-Martin
Tél.: (16-1) 64 66 17 30
Président
Philippe Ferret
Responsable art floral
Claudie Daniel

SOCIETE D'HORTICULTURE, VITICOLE ET MARAICHERE DE L'ARRONDISSEMENT DE PROVINS

Mairie de Provins - 77160 Provins
Tél.: (16-1) 64 00 49 34
Président
René Darcon

78

LES AMIS DU CLUB - ATELIER FLORAL D'ILE-DE-FRANCE

113, rue de l'Hautil - 78510 Triel-sur-Seine
Tél.: (16-1) 39 70 77 42
Président et responsable art floral
Marie-Alice Sinatti

SOCIETE D'HORTICULTURE DE SEINE-ET-OISE

Ecole d'art floral de Versailles
51, rue Lulli - 78530 Buc
Tél.: (16-1) 39 56 49 39
Président
Ghislaine Bignon
Responsable art floral
Nicole Duquesne

91

ASSOCIATION REGIONALE D'HORTICULTURE - ATHIS-MONS - EVRY VILLE NOUVELLE

17, rue des Oiseaux - 91130 Ris-Orangis
Tél.: (16-1) 69 43 38 08
Président
Jean Rogé
Responsable art floral
Yvette Le Corff

CLUB CHEVRY II

Place de la Convention
91190 Gif-sur-Yvette
Tél.: (16-1) 60 12 25 61
Président
Magali Pedron
Responsable art floral
Patricia Duhay

ECOLE DES FLEURS

Ezerville - 91150 Etampes
Tél.: (16-1) 64 95 85 06
Président et responsable art floral
Annie Lerebour

SOCIETE D'HORTICULTURE DE MONTGERON

18, rue Jean-Isoard - 91230 Montgeron
Tél.: (16-1) 69 03 53 70
Président
Jean-Pierre Guillemenot
Responsable art floral
Mme Vaqueron

92

ANTONY ACCUEIL

24, rue Gabriel-Péri - 92160 Antony
Tél.: (16-1) 42 37 39 23
Président et responsable art floral
Josette Haas

ATELIER D'ART FLORAL DE MALMAISON

8, rue des Platanes
92500 Rueil-Malmaison
Tél.: (16-1) 47 51 90 39
Président
Colette Séguin
Responsables art floral
Colette Séguin, Christiane Herbiet

CLUB CULTUREL DE REUIL-MALMAISON ART FLORAL

22, chemin de Paradis
92500 Rueil-Malmaison
Tél.: (16-1) 47 51 40 60
Président
Rolande Jahan

**LES AMIS DES FLEURS
DE SAINT-CLOUD**

49 *bis*, rue du Docteur-Debat
92380 Garches
Tél. : (16-1) 47 95 32 08 (Cl. Rousseau)
(16-1) 47 71 0782 (N. Nguyen-Duy)
Président et responsable art floral
Claude Rousseau

**FLEURS ET
BOUQUETS**

8, rue Delabordère
92200 Neuilly-sur-Seine
Tél. : (16-1) 47 47 44 53
Président
Christiane Gallais-Hamonno

**LES AMIS DES FLEURS
ET JARDINS DE MEUDON**

20, avenue des Bois - 92190 Meudon
Tél. : (16-1) 45 34 40 99
Président et responsable art floral
Andrée Guézennec

**ATELIER
D'ART FLORAL**

Maison pour tous de Ville-d'Avray
8, rue des Ecoles - 92210 Saint-Cloud
Tél. : (16-1) 46 02 67 58 (M.-O. Courtot)
Tél. : (16-1) 45 27 86 65 (D. Espinasse)
Président
Pierre Moret
Responsable art floral
Marie-Odile Courtot, Danièle Espinasse

**ACADEMIE CULTURELLE ET
MUSICALE DE LEVALLOIS**

83-89, rue Paul-Vaillant-Couturier
92300 Levallois-Perret
Tél. : (16-1) 42 70 83 84
Président
Michel Leroyer
Responsable art floral
Marie-France Lazareff

93

**ASSOCIATION
LA COURNEUVE**

1, rue de la Convention
93120 La Courneuve
Tél. : (16-1) 48 36 22 26
Président
Jean Téoli
Responsable art floral
Yvette Fournet

**SOCIETE D'HORTICULTURE DE
VILLEMOMBLE ET DE
SES ENVIRONS**

11, rue des Tiers-Pots
02310 Nogent-L'Artaud
Tél. : (16) 23 70 13 35
Président
André Hoinant
Responsable art floral
Janine Hoinant

94

**SOCIETE REGIONALE
D'HORTICULTURE
ET D'ARBORICULTURE**

40 bis, rue de Rosny
94120 Fontenay-sous-Bois
Tél. : (16-1) 48 76 46 32
Président
André Saubadine
Responsable art floral
M. Garramendia

Province

05

**ATELIER ART FLORAL DES
HAUTES-ALPES «LES 3 AS»**

05130 Sigoyer par Tallard
Tél. : (16) 92 57 86 53
et, 4, rue Lamblardie - 75012 Paris
Tél. : (16-1) 43 45 73 91
Président et responsable art floral
Nadine Strauch

06

**CEDAC
DE CIMIEZ**

49, avenue de la Marne - 06100 Nice
Tél. : (16) 93 81 09 09
Président
Maurice Valéry
Responsable art floral
Mireille Fosset

**GARDEN CLUB
DE NICE**

9, rue de Foresta - 06300 Nice
Tél. : (16) 93 55 24 33
Président
Denise Perrier
Responsable art floral
Francis Carols

**ATELIER D'ART FLORAL
NICE-COTE D'AZUR**

128, chemin de la Maure
06800 Cagnes-sur-Mer
Tél. : (16) 93 31 74 51
Président et responsable art floral
Charlotte Cavaillès

**CLUB ART FLORAL
GAIRAUT-FALICON**

Villa Beluga Les Giaïnes - 06950 Falicon
Tél. : (16) 93 84 17 46
Président et responsable art floral
Geneviève Maria

10

**SOCIETE HORTICOLE,
VIGNERONNE ET FORESTIERE
DE L'AUBE**

52, rue Jaillant-Deschainets
10000 Troyes
Tél. : (16) 25 21 52 18
Président
Solange Laurent
Responsable art floral
M. Carlin

14

**SOCIETE D'HORTICULTURE DE
HONFLEUR ET SES ENVIRONS**

55, rue Saint-Nicol - 14600 Honfleur
Tél. : (16) 31 89 23 31
Président
Paul Louisdipicard

22

**SOCIETE D'HORTICULTURE ET D'ART
FLORAL DE SAINT-BRIEUC
ET DES COTES D'ARMOR**

6, rue Morgan - 22000 Saint-Brieuc
Tél. : (16) 96 61 64 21
Président
Cyprien Rault
Responsable art floral
Viviane Rault

**SOCIETE D'HORTICULTURE ET
D'ART FLORAL DE PLERIN-SUR-MER**

68, rue du Vieux-Moulin
22190 Plerin-sur-Mer
Tél. : (16) 96 73 17 39
Président
Monique Connin
Responsable art floral
Michèle Jégo

28

SOCIETE D'HORTICULTURE D'EURE-ET-LOIR

92, rue de la Paix - 28600 Luisant
Tél.: (16) 37 28 07 93
Président
André Fouquet
Responsable art floral
Marguerite Thirouin

29

SOCIETE D'HORTICULTURE ET D'ART FLORAL DU BASSIN DE CHATEAULIN

Rocade du Parc-Bihan - 29150 Châteaulin
Tél.: (16) 98 86 05 43
Président
Jean-Yves Pézivin
Responsable art floral
Mme Bétillon

29

SOCIETE D'HORTICULTURE ET D'ART FLORAL DE QUIMPER

17, Résidence La Lorette
29180 Plogonnec
Tél.: (16) 98 91 76 85
Président
Roger Rose

33

ECOLE D'ART FLORAL D'AQUITAINE

La Garenne Bouchet - 33370 Pompignac
Tél.: (16) 56 72 45 33
Président et responsable art floral
Marie-Luce Paris

SOCIETE D'HORTICULTURE DE LA GIRONDE

450, avenue de Verdun - BP 33
33127 Martignas-sur-Jalle
Tél.: (16) 56 47 26 61
Président et responsable art floral
Mme Marchand

35

COURS D'ART FLORAL ORIENTAL ET OCCIDENTAL

17, rue Pierre-Martin - 35000 Rennes
Tél.: (16) 99 53 73 30
Président
Marie-Thérèse Logeais
Responsable art floral
Renée Jehanno

SOCIETE D'HORTICULTURE D'ILLE-ET-VILAINE

6, avenue du Languedoc - 35000 Rennes
Tél.: (16) 99 31 81 78
Président
Yves Lebouc
Responsable art floral
Janine Legal

FOUGERES ACCUEIL

Rue de la Basse-Porte
35133 Lecousse-Fougères
Tél.: (16) 99 99 91 15
Président
Mme Crosnier
Responsable art floral
Mylène Le Berrigaud

44

SOCIETE D'HORTICULTURE ET D'ART FLORAL DE SAINT-NAZAIRE

Maison du Peuple - 44600 Saint-Nazaire
Tél.: (16) 40 53 30 76
Président et responsable art floral
Marie-Thérèse Henry

ATELIER FLORAL DE SAINT-NAZAIRE ET DE LA PRESQU'ILE

4, rue Montesquieu - 44600 Saint-Nazaire
Président
Catherine Levassor

ASSOCIATION ASPHODELE

85, route de Bouguenais
44620 La Montagne
Tél.: (16) 40 65 76 88
Président et responsable art floral
Soazic Le Franc

FLORAMY ART FLORAL BOUGUENAIS

43, rue Mauvoisins - 44200 Nantes
Tél.: (16) 40 33 40 22
Président et responsable art floral
Régine Hégron-Février

45

SOCIETE D'HORTICULTURE D'ORLEANS ET DU LOIRET

66, rue de la Mouillère
45072 Orléans Cedex 2
Tél.: (16) 38 66 25 40
Président
Claude Leforestier
Responsable art floral
M.-P. Poignard

50

CLUB «ART ET BOUQUETS D'AVRANCHES»

7, rue du Thor - 50320 La Haye-Pesnel
Tél.: (16) 33 51 09 76
ou (16) 33 58 12 70
Président et responsable art floral
Liliane Labarrière

51

SOCIETE D'HORTICULTURE ET DE VITICULTURE D'EPERNAY ET DE LA REGION

44, avenue de Champagne
51200 Epernay
Tél.: (16) 26 51 78 82
ou (16) 26 54 90 53
Président
Odette Pol-Roger

SOCIETE D'HORTICULTURE DE REIMS

37, rue Jean-Jaurès - 51100 Reims
Tél.: (16) 26 09 17 74 (J. Constant)
Président
M. Pierre Flandre
Responsable art floral
Jacqueline Constant

54

SOCIETE D'HORTICULTURE DE NANCY

7, rue des Côteaux
54600 Villers-lès-Nancy
Tél.: (16) 83 40 33 85 (C. Souchon)
Président
M. Weber
Responsables art floral
Colette Souchon, Edith Grandclaude

56

SOCIETE D'HORTICULTURE DE GOURIN ET SA RÉGION

Roumde Spézet - 56100 Gourin
Tél.: (16) 97 23 41 36 (G. Vetel)
Président
M. Simon
Responsables art floral
G. Vetel, B. Pensivy

60

CENTRE CULTUREL MUNICIPAL DE CHANTILLY

34, rue d'Aumale - 60500 Chantilly
Tél.: (16) 44 57 21 02, poste 343
et (16) 44 57 73 97
Président
M. Courboin
Responsable art floral
Mme Triboulet

61

**SOCIETE D'HORTICULTURE
DE L'ORNE**

56, rue de Verdun - 61000 Alençon
Tél.: (16) 33 29 36 00
Président
Colette Boddelé

69

**ARTS, FLEURS
ET FEUILLAGES**

Montée de l'Eglise
Curis-au-Mont-d'Or
69250 Neuville-sur-Saône
Tél.: (16) 78 91 47 93 (C. Crouzet)
et Le Bellieu
01390 Saint-André-de-Corcy
Tél.: (16) 72 26 11 34 (I. Rolland)
Président
Chantal Mérieux
Responsables art floral
Catherine Crouzet, Irène Rolland

**SOCIETE LYONNAISE
D'HORTICULTURE**

Parc de la Tête-d'Or
69459 Lyon Cedex 06
Tél.: (16) 78 53 75 95 et (16) 78 91 67 67
Président
Robert Rivoire
Responsable art floral
Irène Rolland

71

**SOCIETE D'HORTICULTURE
DE SAONE-ET-LOIRE**

La Rousselaine - 71960 Solutré-Pouilly
Tél.: (16) 85 35 81 13
Président
Jean-Pierre Labruyère
Responsable art floral
Bénédicte Noyelle

**SOCIETE D'HORTICULTURE
DE SAONE-ET-LOIRE**

Chalon-sur-Saône
43, rue Morinet - 71100 Chalon-sur-Saône
Tél.: (16) 85 41 41 88
Président
Jean-Geoffroy
Responsable art floral
Claude Jourdan

79

**SOCIETE D'HORTICULTURE
DES DEUX-SEVRES**

37, quai Maurice-Métayer - 79000 Niort
Tél.: (16) 49 28 05 63
Président
Gérard Saivres
Responsable art floral
Monique Troubat

81

**SOCIETE D'HORTICULTURE
TARNAISE**

77, rue Marcel-Briguiboul - 81100 Castres
Tél.: (16) 63 59 27 47 et (16) 63 35 28 48
Président et responsable art floral
Danielle Prat

89

**SOCIETE CENTRALE
D'HORTICULTURE DE L'YONNE**

Passage Soufflot - 89000 Auxerre
Tél.: (16) 86 48 12 77
Président
Michel Viault
Responsable art floral
M. Bigorre

97

**ASSOCIATION
LES MILLE FLEURS**

Club atelier d'art floral
Route de Parnasse - 97120 Saint-Claude
Guadeloupe
Président et responsable art floral
Fauvette Julienne

ART FLORAL
ORIENTAL

Paris

75004

**ATELIER FLORAL
SYLVIE EXPERT-BEZANÇON**

Ecole Sogetsu
40, quai des Célestins - 75004 Paris
Tél.: (16-1) 42 71 52 31
Président et responsable art floral
Sylvie Expert-Bezançon

**LA VOIE DES FLEURS
BRANCHE PARIS-VINCENNES**

Ecole Sogetsu
2, place Baudoyer - 75004 Paris
et 3, rue Charles-Marinier
94300 Vincennes
Tél.: (16-1) 43 28 83 07
Président et responsable art floral
Eliane Boulongne

75006

**IKEBANA INTERNATIONAL
FRANCE**

Ecoles Sogetsu et Ikenobo
34, rue Guynemer - 75006 Paris
Tél.: (16-1) 45 48 65 91
Président et responsable art floral
Elisabeth Carpentier

75008

**ALLIANCE FRANCO-JAPONAISE
D'ART FLORAL (AFJAF)**

Ecole Ikenobo
97, avenue des Champs-Elysées
75008 Paris
et 9, rue des Blancs-Murs
94400 Vitry-sur-Seine
Tél.: (16-1) 46 81 99 11
Fax: (16-1) 45 73 07 66
Président
Pierre Breillat
Reponsable art floral
Midori Suzuki

75016

**ATELIER D'ART FLORAL IKENOBO
MARCELLE TRAMBOUZE**

Ecole Ikenobo
5 bis, rue de Musset - 75016 Paris
Tél.: (16-1) 45 27 73 65
ou (16-1) 37 82 38 48
Président et responsable art floral
Marcelle Trambouze

75017

**CENTRE D'ART FLORAL
IKEBANA**

Ecole Ohara
26, rue d'Armaillé - 75017 Paris
Tél.: (16-1) 45 74 21 28
Président
Arlette Dupanier
Responsable art floral
Marcel Vrignaud

*Région
parisienne*

78

**LES AMIS DU CLUB ATELIER
FLORAL D'ILE-DE-FRANCE**

Ecole Ohara
113, rue de l'Hautil
78510 Triel-sur-Seine
Tél.: (16-1) 39 70 77 42
Président et responsable art floral
Marie-Alice Sinatti

92

ATELIER D'ART FLORAL
DE MALMAISON

Ecole Sogetsu
8, rue des Platanes
92500 Rueil-Malmaison
Tél.: (16-1) 47 51 90 39
Président
Colette Séguin

CLUB CULTUREL DE
RUEIL-MALMAISON

22, chemin du Paradis
92500 Rueil-Malmaison
Tél.: (16-1) 47 51 40 60
Président
Rolande Jahan

94

CENTRE ALPHA
AMICALE LAIQUE DE CACHAN

6, rue Nansouty - 75014 Paris
Tél.: (16-1) 46 65 37 32
Président
Eliane Breton
Responsable art floral
Marie-Claude Durrmeyer

ECOLE
D'ART FLORAL

Ecole Ohara
5, rue Cart - 94160 Saint-Mandé
Tél.: (16-1) 43 28 84 98
Président et responsable art floral
Annik Howa-Gendrot

Province

05

ATELIER ART FLORAL DES
HAUTES-ALPES «LES 3 AS»

05130 Sigoyer par Tallard
Tél.: (16) 92 57 86 53
et 4, rue Lamblardie - 75012 Paris
Tél.: (16-1) 43 45 73 91
Président et responsable art floral
Nadine Strauch

06

CEDAC
DE CIMIEZ

49, avenue de la Marne - 06100 Nice
Tél.: (16) 93 81 09 09
Président
Maurice Valéry
Responsable art floral
Mireille Fosset

ATELIER D'ART FLORAL
NICE-COTE D'AZUR

128, chemin de la Maure
06800 Cagnes-sur-Mer
Tél.: (16) 93 31 74 51
Président et responsable art floral
Charlotte Cavaillès

22

SOCIETE D'HORTICULTURE ET
D'ART FLORAL DE SAINT-BRIEUC
ET DES COTES-D'ARMOR

Ecole Ohara
6, rue Morgan - 22000 Saint-Brieuc
Tél.: (16) 96 61 64 21
Président
Cyprien Rault
Responsable art floral
Viviane Rault

33

LA VOIX DES FLEURS
-AQUITAINE

21, rue Boudet - 33000 Bordeaux
Tél.: (16) 56 52 12 80
Président et responsable art floral
Jacqueline Dalléas

35

COURS D'ART FLORAL
ORIENTAL ET OCCIDENTAL

Ecole Ohara
17, rue Pierre-Martin - 35000 Rennes
Tél.: (16) 99 53 73 30
Président
Marie-Thérèse Logeais
Responsable art floral
Renée Jehanno

38

ASSOCIATION IKEBANA-ISERE

109, cours Berriat - 38000 Grenoble
Tél.: (16) 76 96 49 95
Président
Marc Kapella

44

SOCIETE D'HORTICULTURE ET
D'ART FLORAL DE SAINT-NAZAIRE

Maison du Peuple - 44600 Saint-Nazaire
Tél.: (16) 40 53 30 76
Président et responsable art floral
Marie-Thérèse Henry

45

SOCIETE D'HORTICULTURE
D'ORLEANS ET DU LOIRET

Ecole Sogetsu
66, rue de la Mouillère
45072 Orléans Cedex 2
Tél.: (16) 38 66 25 40
Président
Claude Leforestier
Responsable art floral
M.-P. Poignard

50

CLUB «ART ET BOUQUETS
D'AVRANCHES»

Ecole Sogestu
7, rue du Thor - 50320 La Haye-Pesnel
Tél.: (16) 33 51 09 76
ou (16) 33 58 12 70
Président et responsable art floral
Liliane Labarrière

51

SOCIETE D'HORTICULTURE
DE REIMS

Ecole Ohara
25, rue Libergier - 51100 Reims
Tél.: (16) 26 97 62 71 (N. Laval)
Président
Pierre Flandre
Responsables art floral
Nelly Laval, Mme Vidu

72

AMICALE DES ELEVES DE
L'ECOLE OHARA

Ecole Ohara
3, rue Froger - 72000 Le Mans
Tél.: (16) 43 81 46 03
Président et responsable art floral
Juliette Genouël

79

SOCIETE D'HORTICULTURE
DES DEUX-SEVRES

37, quai Maurice-Métayer - 79000 Niort
Tél.: (16) 49 28 05 63
Président
Gérard Saivres
Responsable art floral
Monique Troubat

81

SOCIETE D'HORTICULTURE
TARNAISE

77, rue Marcel-Briguiboul - 81100 Castres
Tél.: (16) 63 59 27 47 et (16) 63 35 28 48
Président et responsable art floral
Danielle Prat

Lexique des noms botaniques en latin et français

Lexicon of latin and french botanical names

A

Acacia retinodes	Mimosa des quatre saisons
Acer pseudoplatanus	Erable faux platane, sycomore
Achillea filipendula	Achillée
Achillea umbellata	Achillée
Aconitum napellus	Aconit, casque de Jupiter
Aeonium arboreum	Aeonium
Agapanthus umbellatus	Agapanthe
Alchemilla mollis	Alchemille
Allium albopilosum	Etoile de Perse
Allium ampeloprasum 'Porrum'	Poireau
Allium neapolitum	Ail blanc
Allium giganteum	Ail géant
Alnus glutinosa	Aune glutineux
Alocasia macrorrhiza	Caladium odorant
Alstroemeria hyb.	Alstroemère
Amaranthus caudatus	Amaranthe queue de renard
Amaranthus caudatus 'Viridis'	Amaranthe queue de renard verte
Amaranthus hyb.	Amaranthe dressée
Ananas comosus	Ananas
Anemone coronaria	Anémone des fleuristes
Anemone japonica	Anémone du Japon
Anigozanthos flavidus	Patte de kangourou
Anthurium andreanum	Anthurium
Antirrhinum majus	Muflier, gueule de loup
Arum italicum	Arum d'Italie
Arundinaria	Roseau
Asclepias physocarpa	Asclépiade (Boulestrier)
Asclepias syriaca	Herbe à ouate
Asparagus africanus 'Cooperi'	Asparagus
Asparagus densiflorus 'Meyeri'	Asparagus
Asparagus densiflorus 'Sprengeri'	Asparagus
Asparagus myriocladus	Asparagus
Asparagus plumosus	Asparagus
Aspidistra elatior	Aspidistra
Astilbe hyb.	Astilbe
Astrantia major	Grande astrance
Avena sativa	Avoine

B

Baccharis halimifolia	Seneçon en arbre
Ballota pseudodictamnus	Ballote
Bambusa	Bambou
Bauhinia aculeata	Bauhinia
Begonia sp.	Bégonia
Bellis perennis	Pâquerette vivace
Bergenia cordifolia	Bergénia
Betula pendula	Bouleau blanc d'Europe
Brassica oleracea	Choux
Brassica oleracea 'Botrytis'	Choux fleur
Brassica oleracea 'Gemmifera'	Choux de Bruxelles
Brassica oleracea 'Italica'	Brocoli
Brunia laevis	Brunia

C

Calamus rotang	Rotin
Calathea ornata	Maranta
Calceolaria hyb.	Calcéolaire
Camellia japonica	Camélia
Campanula carpatica	Campanule des Carpathes
Campanula glomerata	Campanule agglomérée
Campsis grandiflora	Bignone
Capsicum annuum	Poivron
Caryota mitis	Palmier céleri
Castanea sativa	Châtaignier
Catalpa bignonioides	Catalpa commun
Cedrus libani	Cèdre du Liban
Celosia cristata	Célosie crête de coq

Celosia plumosus	Célosie plumeuse
Centaurea cyanus	Bleuet
Chamaecyparis lawsoniana	Faux cyprès, Cyprès de Lawson
Chamaecyparis obtusa 'Nana gracilis'	Faux cyprès nain
Chamaemelum nobile	Camomille romaine
Chamaerops humilis	Chamaerops
Chrysanthemum hyb.	Chrysanthème
Chrysanthemum maximum	Chrysanthème, grande marguerite
Cichorium endivia	Endive
Cinnamomum zeylanicum	Cannelle
Citrullus colocynthis	Coloquinte
Citrullus ranatus	Pastèque
Citrus limon	Citronnier
Citrus sinensis	Oranger
Cladonia alpestris	Lichen
Clematis hyb. 'Ville de Lyon'	Clématite hybride 'Ville de Lyon'
Clematis viticella	Clématite
Coccoloba uvifera	Raisinier
Cocos nucifera	Cocotier
Coniferae	Conifères
Cordyline terminalis	Cordyline
Cornus alba	Cornouiller blanc
Cortaderia selloana	Herbe des Pampas
Cotinus coggygria (Rhus cotinus)	Arbre à perruque
Cotoneaster franchetii	Cotonéaster
Cotoneaster horizontalis	Cotonéaster horizontal
Craspedia globosa	Baguette de tambour
Cucurbita maxima	Potiron
Cucurbita pepo	Courge
Cupressus arizonica 'Glabra'	Cyprès de l'Arizona 'Glabra'
Cupressus macrocarpa	Cyprès de Lambert
Cycas revoluta	Cycas du Japon
Cyclamen persicum	Cyclamen de Perse
Cynara scolymus	Artichaut
Cyperus papyrus	Papyrus
Cytisus scoparius	Genêt à balai

D

Dahlia hyb.	Dahlia hybride
Daucus carota	Carotte
Delphinium hyb.	Delphinium - pied d'alouette vivace hybride
Dianthus barbatus	Œillet de poète
Dianthus caryophyllus	Œillet des fleuristes
Diospyros kaki	Kaki
Dracaena fragrans	Dracaena odorant

E

Echeveria glauca	Echévéria
Echinacea purpurea	Rudbeckia pourpre
Entada scandens	Entada
Eremurus bungei	Eremurus
Eryngium alpinum	Chardon bleu des Alpes
Eucalyptus globulus	Eucalyptus
Eucalyptus gunnii	Eucalyptus
Eucalyptus populus	Eucalyptus
Euonymus japonicus	Fusain du Japon
Euonymus japonicus 'Aureo picta'	Fusain du Japon panaché
Euphorbia amygdaloides	Euphorbe
Euphorbia fulgens	Euphorbe
Euphorbia robbiae	Euphorbe

F

Farfugium japonicum	Ligulaire du Japon
Fatsia japonica	Fatsia du Japon
Ficus carica	Figuier (fruit)
Ficus lyrata	Figuier à feuilles en forme de lyre

Foeniculum vulgare	Fenouil
Forsythia x intermedia	Forsythia
Fragaria hyb.	Fraisier hybride
Freesia hyb.	Freesia hybride

G

Galax aphylla	Galax
Gerbera hyb.	Gerbéra hybride
Ginkgo biloba	Arbre aux quarante écus
Gladiolus hyb.	Glaïeul hybride
Glixia	Glixia
Glyceria maxima	Glycérie
Gomphrena globosa	Amarantine
Goniolimon tataricum	Statice tatarica
x Graptoveria	Graptoveria

H

Hebe sp.	Véronique arbustive
Hedera colchica 'Dentata'	Lierre de Colchide
Hedera helix	Lierre commun
Helianthus annuus	Soleil des jardins, tournesol
Helichrysum bracteatum	Immortelle
Helichrysum orientale	Immortelle à bouquets
Heliconia hyb.	Heliconia
Helleborus argutifolius	Hellébore de Corse
Helleborus niger	Rose de Noël
Helleborus orientalis	Hellébore orientale
Hemerocallis hyb.	Hémérocalle hybride
Heuchera micrantha 'Palace Purple'	Heuchère
Hippeastrum hyb.	Amaryllis
Hordeum jubatum	Orge à crinière
Hosta crispula	Hosta
Hosta fortunei 'Aureo marginata'	Hosta panaché
Hosta plantaginea	Hosta plantain
Hosta sieboldiana	Hosta
Hosta undulata 'Univittata'	Hosta ondulée
Howea forsteriana	Kentia
Hydrangea arborescens 'Annabelle'	Hortensia
Hydrangea macrophylla	Hortensia
Hydrangea serrata	Hortensia
Hypericum elatum	Millepertuis

I-J-K

Illicium verum	Anis étoilé, badiane
Iris xiphium	Iris de Hollande
Jovibarba hirta	Joubarbe
Juniperus communis	Genévrier commun
Kingia australis	Wilson Spear

L

Lactuca sativa	Laitue
Lathyrus odoratus	Pois de senteur
Lavandula angustifolia	Lavande
Leucospermum cordifolium	Protée
Liatris spicata	Liatris
Ligustrum ovalifolium	Troëne de Californie
Lilium hyb.	Lis hybride
Lilium longiflorum	Lis
Limonium latifolium	Statice
Limonium sinuatum	Statice sinuata
Livistona chinensis	Palmier de Chine
Lonicera japonica	Chèvrefeuille du Japon
Lunaria annua	Lunaire

M

Maclura pomifera	Oranger des Osages
Magnolia grandiflora	Magnolia à grande fleur
Mahonia aquifolium	Mahonia commun
Mahonia bealü	Mahonia
Malus pumila	Pommier nain
Maranta leuconeura 'Massangeana'	Maranta
Molucella laevis	Molucelle, clochette d'Irlande
Musa balbisiana	Bananier
Muscari hyb.	Muscari hybrides

N

Narcissus hyb.	Narcisse hybride
Narcissus pseudonarcissus	Jonquille
Nelumbo nucifera	Lotus des Indes
Nephrolepis biserrata 'Furcans'	Fougère de Boston
Nephrolepis exaltata	Fougère de Boston
Nigella damascena	Nigelle de Damas

O

Oncidium hyb.	Oncidium hybride
Ornithogalum arabicum	Ornithogale
Ornithogalum thysoides	Ornithogale

P

Pachysandra terminalis	Pachysandra
Paeonia lactiflora	Pivoine de Chine
Pandanus baptistii	Pandanus
Pandanus laevis	Pandanus
Papaver nudicaule	Pavot d'Islande
Papaver orientale	Pavot d'Orient
Papaver rhoeas	Coquelicot
Papaver somniferum	Pavot
Parthenocissus tricuspidata	Vigne vierge
Pelargonium hyb.	Géranium des fleuristes
Pericallis cruenta	Cinéraire
Petroselinum sativum	Persil
Peucedanum palustre	Peucedan des marais
Phalaris arundinacea	Ruban de bergère
Philadelphus hyb.	Seringat hybride
Phleum pratense	Fléole
Phlox paniculata	Phlox
Phoenix canariensis	Palmier des Canaries
Phoenix dactylifera	Palmier dattier
Phormium tenax	Lin de Nouvelle-Zélande
Physalis franchetii	Coqueret, amour en cage
Picea abies	Epicéa commun, sapin de Noël
Pinus sp.	Pin
Pinus sylvestris	Pin sylvestre
Plantago major 'Rubrifolia'	Grand plantain pourpre
Polygonatum multiflorum	Sceau de Salomon
Polygonum affine	Renouée
Polygonum cuspidatum	Renouée
Polyporus	Polypore
Primula obconica	Primevère des fleuristes
Primula veris syn. P. officinalis	Coucou
Prunus cerasus	Cerisier
Prunus laurocerasus	Laurier-cerise
Prunus persica	Pêcher
Prunus spinosa	Prunellier
Punica granatum	Grenadier
Pyracantha coccinea	Buisson ardent

Q

Quercus alba	Chêne blanc d'Amérique
Quercus coccinea	Chêne écarlate

R

Ranunculus asiaticus	Renoncule d'Asie
Raphia ruffia	Raphia
Rhododendron hyb.	Rhododendron hybride
Ribes sanguineum	Groseillier à fleurs
Rosa 'Amber Queen'	Rose 'Amber Queen'
Rosa canina	Eglantier

Rosa hyb.	Rose hybride
Rudbeckia hyb.	Rudbeckia hybride
Ruscus hypoglossum	Fragon
Ruta graveolens	Rue fétide

S

Sagina subulata	Sagine
Salix alba	Saule blanc
Salix caprea	Saule marsault
Salix matsudana syn.	
S. babylonica	Saule pleureur
Salix matsudana 'Tortuosa'	Saule de Pékin tortueux
Salix sachalinensis 'Sekka'	
syn. S. udensis	Saule 'Sekka'
Salix triandra	Osier brun
Salix viminalis	Osier blanc
Sansevieria trifasciata	Sansevière
Saponaria officinalis	Saponaire
Scabiosa atropurpurea	Scabieuse des jardins
Scabiosa caucasica	Scabieuse du Caucase
Schizophragma hydrangeoides	Hortensia grimpant
Sedum spectabile	Orpin
Senecio maritima 'Diamant'	Cinéraire maritime 'Diamant'
Senecio maritima	Cinéraire maritime
Silene armeria	Silène à bouquet
Solanum capsicastrum	Piment d'ornement
Solanum melongena	Aubergine
x Solidaster luteus	Verge d'or
x Solidaster hyb	Verge d'or hybride
Spiraea aruncus	Spirée barbe de bouc
Spiraea x vanhouttei	Spirée de Van Houtte
Stipa sp.	Stipe
Strelitzia reginae	Oiseau de paradis
Stromanthe sanguinea	Maranta
Symphoricarpos albus	Symphorine
Symphoricarpos orbiculatus	Groseillier des Indiens
Syzygium aromaticum	Giroflier

T

Tagetes erecta	Rose d'Inde
Tagetes patula	Œillet d'Inde
Theobroma cacao	Cacao
Thuja occidentalis	Thuya du Canada
Thuja orientalis	Thuya de Chine
Tolmiea menziesii	Tolmiea
Trachelium caeruleum	Trachelium
Triticum sativum	Blé
Tulipa hyb.	Tulipe hybride
Typha angustifolia	Massette
Typha latifolia	Massette

V

Viburnum betulifolium	Viorne à feuille de bouleau
Viburnum opulus	Viorne obier, rose de Gueldre
Viburnum opulus 'Sterile'	Boule de neige
Viburnum tinus	Laurier-tin
Viola odorata	Violette odorante
Viola x wittrockiana	Pensée des jardins
Vitis vinifera	Vigne

W-X-Y

Washingtonia robusta	Palmier
Wisteria floribunda	Glycine du Japon
Xerophyllum tenax	Beargrass
Yucca gloriosa	Yucca

Z

Zantedeschia aethiopica	Arum d'Ethiopie
Zantedeschia hyb.	Arum hybride
Zea mays	Maïs
Zinnia angustifolia	Zinnia

Index

Collection
«Arts d'intérieurs»